CURSO DE QUICKBOOKS®
EN ESPAÑOL

GRAPHICS AND DESIGN BY
OMAR ORNELAS

PUBLISHED BY MOLCAJETE FRESH BOOKS
CONTACT@MOLCAJETEFRESH.COM

ISBN-13: 978-1-948698-05-4

AVAILABLE ON AMAZON.COM AND OTHER RETAIL OUTLETS.

PRINTED IN USA

MOLCAJETE FRESH BOOKS

Curso de QuickBooks® en Español

MARCIE ORNELAS

MOLCAJETE FRESH BOOKS

Guia Rapida de

QuickBooks

En Español

Guía Práctica de Tareas Diarias en QuickBooks®

Bienvenido a QuickBooks

Vamos a ayudarle a recibir sus pagos, pagar a otros, y ver exactamente cómo está funcionando su negocio. Utilice esta guía para aprender tareas claves y ponerse en marcha lo más rápido posible.

Todo tipo de ayuda

La ayuda que proviene de Intuit y de la Comunidad de los usuarios de QuickBooks forma parte de QuickBooks. También usted puede accesar al Centro de Aprendizaje a través del menú de ayuda, y así poder ver videos tutoriales o leer artículos relacionados.

Visite el sitio web de soporte de QuickBooks : www.quickbooks.com/support para conseguir respuestas a sus preguntas o contactar a un agente (se pueden aplicar costos adicionales).

Puede conseguir a un experto de QuickBooks local al ingresar su ZIP code en:
www.findaproadvisor.com

A medida en que su negocio vaya creciendo, puede que quiera ir agregando usuarios. Esto se puede realizar fácilmente desde el menú de ayuda, al escoger **Help> Manage my License.**

Curso de QuickBooks en Español

www.marcieornelas.com/courses

1. **Introduccion del sistema.**
   A. Como crear un nuevo archivo (file) en Quickbooks.
   B. Abrir una nueva compañia usando la guia paso a paso (step by step guide).
   C. Tevision de funciones de las barra de herramientas, menus e iconos.
   D. Elaboracion del plan de cuentas (Chart of Accounts)
   E. Creacion de nuevas cuentas y su-bcuentas contables.
   F. Editar y Combinar cuentas.
   G. Eliminacion y desactivacion de cuentas.

2. **Configuracion de Nuevos Clientes y Provedores.**
   A. Como crear un nuevo cliente (customer)
   B. Como agregar un nuevo trabajo a un cliente existente.
   C. Ingreasr informacion detallada en cada trabajo (job)
   D. Crear un nuevo proveedor (vendor)
   E. Eliminacion/Desactivacion de Clientes y Provedorores/suplidores.
   F. Configuracion de Articulos (Items & Service o Products & Service).
   G. Entender la diferencia entre cuentas (Accounts) y articulos (Items).
   H. Trabajar con diferentes tipos de articulos (servicios, piezas de inventario, grupos, etc.)
   I. Diferencia entre piezas de inventario (inventory parts) y piezas que no forman parte del inventario (non inventory parts)
   J. Crear articulos y sub articulos
   K. Edicion eliminacion e inactivacion de articulos

3. Transacciones relacionadas con clientes: cotizaciones, facturas y pagos de clientes

A. Como crear cotizaciones para clientes y trabajos en especifico (Estimates)
B. Emision de nuevas facturas desde cero (Invoice).
C. Originar una factura desde una cotizacion (Estimate to Invoice).
D. Recepcion de pagos desde una factura (Receive Payments).
E. Depositar los pagos de clientes en el banco (Record Deposits).
F. Transaccion relacionadas con Provedores:Ordenes de Compra, Facturas y Pagar Cuentas.
G. Crear una Orden de Compra (Purchase Order)
H. Recibir una orden de compra y registrarlo como una factura por pagar (Enter Bills Against Inventory)
I. Emision de nuevas facturas de provedor desde cero (Enter Bills).
J. Como pagar las facturas pendientes (Pay Bills).

4. Bancos

A. Emision de cheques (Write Checks).
B. Registro de Gastos e Ingressos (expense & Income) a traves del banco (Check Register).
C. Diferencia entre escribir cheques a proveedores (Write checks) y el uso de la opcion de pago de facturas (Pay Bills)
D. Introduccion a la reconciliacion bancaria (Reconcile)
E. Introduccion y analisis a los informes financieros (Reports).
F. Analisis del Estado de ganancias y perdidas (profit & loss)/balance general (Balance Sheet).
G. Informes de Cuentas por cobrar y cuentas por pagar.
H. Como exportar a o en formato de Excel y PDF.
I. Creacion de informes comparativos (mes a mes, año tras año, entre otros).
J. Creacion de informes mas usados (Cuentas por cobrar, cuantas por pagar, inventario, ventas por cliente, facturas abiertas, etc...)
K. Uso del analisis instantaneo de la empresa (Company snapshop).

5. **Manejando Diferente Cuentas de Gastos (Expense Accounts)**
   A. Descripcion de Long Term Liabilities y Short Term Liabilities
   B. Creacion de Cuenta de Prestamo (Long Term Liability Loan)
   C. Informe de Como Hacer Pagos a Prestamos en Quickbooks
   D. Creacion de Cuentas de Tarjetas de Credito (Credit Cards)
   E. Usando Tarjetas de Credito en Quickbooks
   F. Informe de Como hacer Pagos a Tarjetas de Credito en Quickbooks
   G. Creacion de Pagos Seguidos de mes a mes (Recurring Payments)

6. **Manejando Empleados y sus Pagos (payroll)**
   A. Creacion de Nuevos Empleados
   B. Repasando Lista para nuevos empleados
   C. Trabajando por hora o Commision
   D. Pagando Taxes que deductamos de Payroll

7. **Sales Tax (impuestos de Ventas)**
   A. Descripcion de los impuestos que se cobran al hacer ventas
   B. Creacion de Sales Taxes
   C. Descripcion de Taxes de condado a condado y Estados
   D. Como pagar los Taxes al Condado

8. **Extras de Quickbooks**
   A. Como tener seguimiento del millage de nuestro negocio
   B. Registrando Entradas en el Journal Entries
   C. Descripcion de Transacciones Seguidas de mes a mes (recurring Transactions)
   D. Repaso y Preguntas

- **Cuentas por pagar**: es el dinero que tu compañía le debe a proveedores externos por bienes o servicios que has comprado, utilizando crédito en vez de dinero en efectivo.
- **Cuentas por cobrar:** es el dinero que le deben a tu empresa los clientes que han pagado utilizando crédito en vez de dinero en efectivo.
- **Balance:** es el estado financiero de tu empresa en un momento en el tiempo. Tus activos van de un lado y tus pasivos y tu capital van del otro, y las dos partes deben ser iguales o estar balanceadas.
- **Efectivo:** es el potencial de gastos de tu empresa y podría estar en una cuenta de cheques.
- **Flujo de efectivo:** es una medida de la cantidad de dinero que entra y que sale de tu empresa, la cual puede ser diferente de la rentabilidad de tu negocio. Un estado de flujo de efectivo determina la cantidad actual de tu dinero en efectivo.
- **Costo de ventas**: es la cantidad de dinero que se necesita para producir y vender tus mercancías o productos.
- **Crédito**: es una entrada contable que representa un aumento.
- **Activos corrientes:** son los activos, tales como el dinero en efectivo y el inventario, que podrían ser convertidos en efectivo en el transcurso de un año.
- **Débito:** es una entrada contable que representa una disminución.
- **Depreciación**: es el monto en el que una pieza grande de equipo o un edificio disminuyen su valor por año a cuenta de su costo total durante un período de tiempo.
- **Dividendo:** es la porción de ganancias que se obtienen después de pagar impuestos a los propietarios de la empresa.
- **Entrada doble:** es un sistema de contabilidad en donde, por cada transacción que se efectúa se generan dos entradas en la hoja de balance que generalmente son un crédito y un débito.
- **Equidad (Equidad del propietario):** es la parte que le corresponde al propietario de la empresa.
- **Activos fijos:** son los activos, tales como equipos y edificios, que no pueden ser convertidos rápidamente en efectivo.
- **Costos fijos**: son los costos que no cambian proporcionalmente al volumen de tu negocio, por ejemplo: alquiler, intereses y salarios.
- **Contabilidad general:** es la cuenta, momento por momento, de todas las transacciones de tu negocio. En la actualidad, generalmente se administra mediante programas de computadora.
- **Margen bruto:** son tus ingresos menos el costo de tus ventas.
- Ingresos (beneficios, entradas): es el dinero que ganas vendiendo algo, no es siempre efectivo.
- **Declaración de ingresos:** es el estado financiero de tu empresa durante un período de tiempo, determina tus ingresos netos.
- **Interés:** es una cantidad que se paga regularmente por el uso de dinero prestado, hasta que se salda la deuda.
- **Inventario:** son los suministros, o las existencias de productos, que tu empresa tiene intención de vender.
- **Pasivos:** es la cantidad de dinero que tu empresa adeuda a otras personas, incluye las cuentas por pagar.
- **Beneficio neto:** es el margen bruto menos los costos fijos. En otras palabras, es el total de tus activos menos el total de tus pasivos.
- **Costos variables**: son los costos que cambian con el volumen de tus ventas, tales como la cantidad de materiales que necesitas para tus productos.

1. **Introduccion del sistema.**

   A. Como crear un nuevo archivo (file) en Quickbooks.
   B. Abrir una nueva compañia usando la guia paso a paso (step by step guide).
   C. Tevision de funciones de las barra de herramientas, menus e iconos.
   D. Elaboracion del plan de cuentas (Chart of Accounts)
   E. Creacion de nuevas cuentas y su-bcuentas contables.
   F. Editar y Combinar cuentas.
   G. Eliminacion y desactivacion de cuentas.

Nuestro Negocio

1. Para crear un nuevo negocio nos vamos a File>New Company Se nos aparece una ventana donde opciones para el set up
2. Tenemos la opcion de Express Start donde lo vamos hacer rapido solo poniendo lo principal como nombre direccion y otras mas informaciones
3. Esta es mas detallada donde ponemos que es lo que el negocio se va a dedicar servicio, inventario, ventas
4. Si miramos uno de los negocios que tenemos de muestra y miramos que es parecido a nuestro negocio lo podemos hacer copia con nuetra informacion
5. Es otra opcion si por ejemplo ya tienes tu negocio set up con otro software o servicios y simplemente lo quieres exportar a Quickbooks

Cualquier forma que uses podemos despues modificarlo al momento necesario si miramos que lo necesitamos

1. Es otra opcion si por ejemplo ya tienes tu negocio set up con otro software o servicios y simplemente lo quieres exportar a Quickbooks

Cualquier forma que uses podemos despues modificarlo al momento necesario si miramos que lo necesitamos

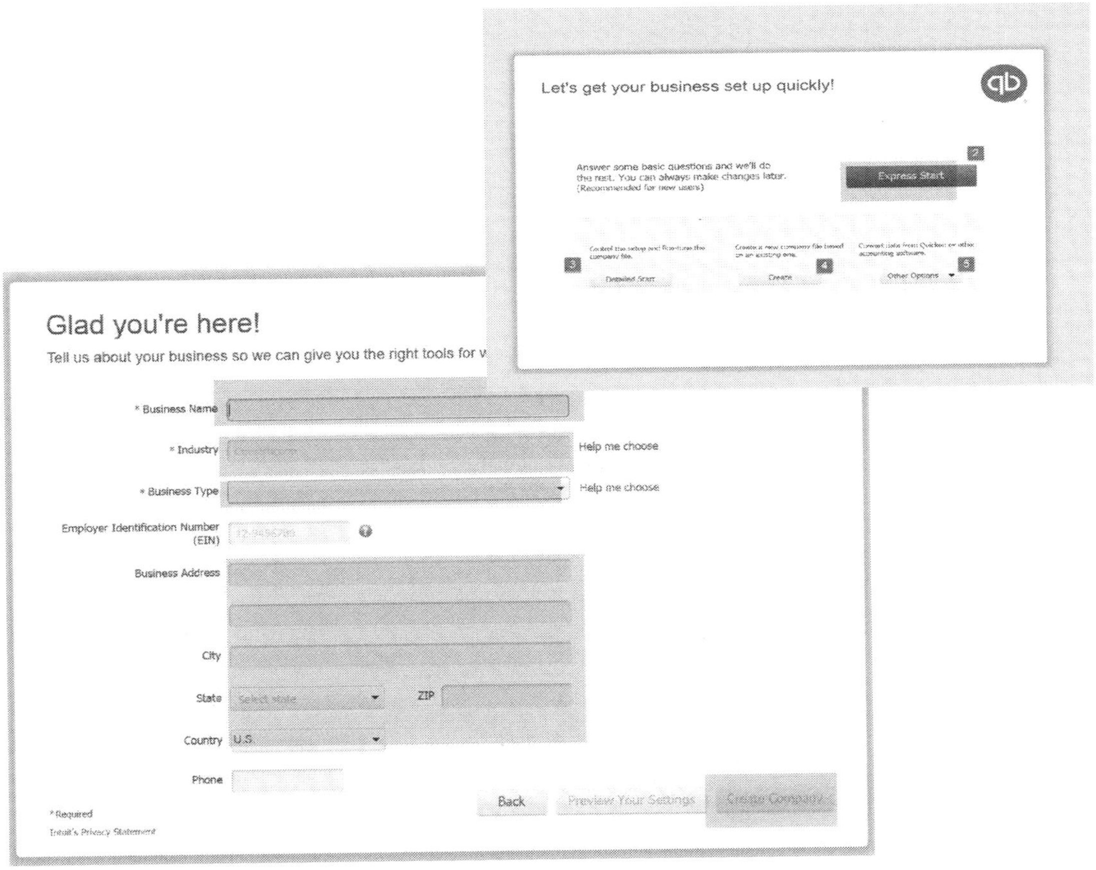

Home Page

Utilizando la página de inicio para navegar dentro de QuickBooks

Usted puede usar el **"Home Page"** para efectuar en **QuickBooks®** l os registros y las transacciones que se pueden realizar con el programa y que reflejan las operaciones regulares de su empresa.

El "Home Page" le da una idea de cómo las transacciones que se efectúan en su empresa se conectan unas con otras

Usted puede registrar todas sus operaciones usando el menú. El menú contiene las mismas tareas que el "Home Page"

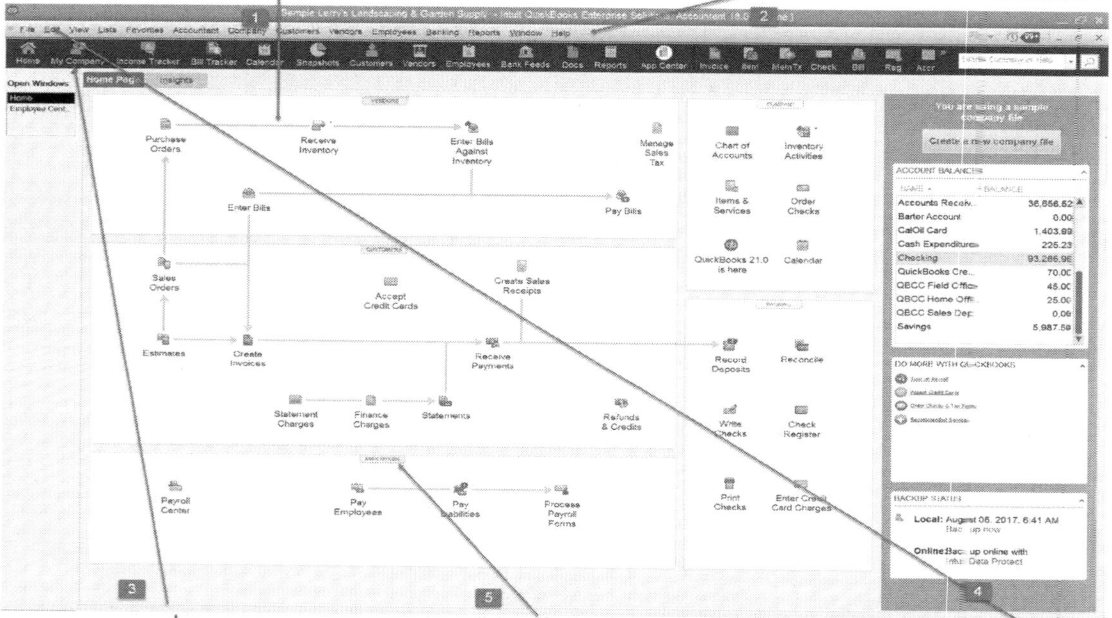

El "Icon Bar" o barra de iconos incluye accesos a las diferentes áreas del **QuickBooks™**. Para personalizarlos a las necesidades de su negocio, haga click en *"Customize Shortcuts".*

Para personalizar "Home Page" debe elegir **Edit >Preferences >Desktop View**, y entonces la etiqueta **"Company Preference"**

Para ir a los **"Centers"** haciendo click en las etiquetas **"Vendors", "Customers" o "Employees"**

La lista es otra característica básica de QuickBooks. Usted llenará la mayoría de los formularios de Quickbooks seleccionando entradas de una lista.

Tenga en cuenta que en la ventana Introducir Factura encima de la información del Proveedor, Términos , Cuenta , y Cliente / Campos de trabajo son extraídos de las listas.

QuickBooks tiene listas donde usted puede almacenar información sobre clientes, proveedores, empleados, artículos o servicios que vende y así sucesivamente. Las listas ahorran tiempo y ayudan a introducir la información de manera consistente y correcta.

Cuando se está llenando un formulario de factura y usted selecciona un nombre de cliente de la lista de Cliente / Proyectos (Customer / Job), QuickBooks no sólo llena en el nombre, sino también llena en la dirección , las condiciones de pago y el impuesto sobre las ventas del cliente, basándose en la información introducida previamente sobre dicho cliente en el registro del cliente en el Centro de Atención al Cliente / Customer Center.

Puede personalizar las columnas de la lista haciendo clic derecho en un encabezado de columna y elegir **Personalizar Columnas / Customize Columns.**

Manejo de las ventanas abiertas - QuickBooks puede ajustarse a laa pantalla una ventana a la vez , o varias ventanas (organizado de lado a lado o en cascada)

Uso de la barra de menús - Usted puede encontrar todos los comandos de la barra de menú

Uso de la barra de iconos de la parte superior - La barra de iconos de la parte superior le permite gestionar su negocio más rápido y ofrece un rápido acceso a los Centros

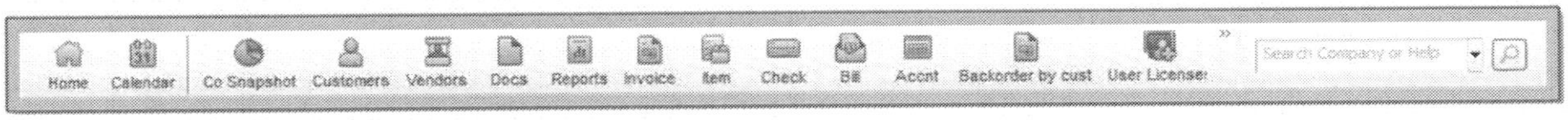

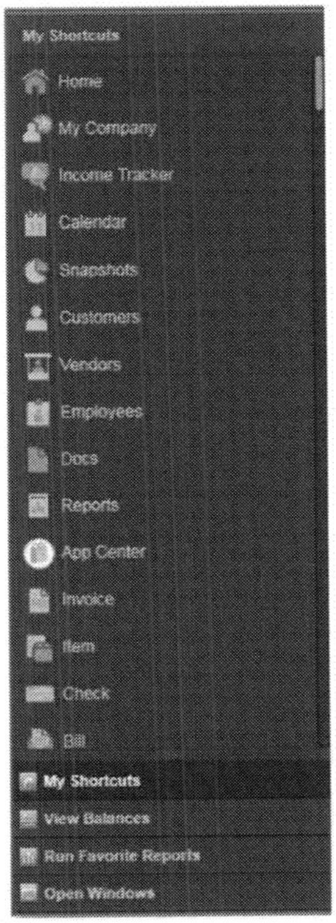

Usando la parte izquierda de navegación - Los actos de navegación del lado izquierdo como la barra de iconos, permiten atajos rápidos y fáciles. Utilice la barra superior de icono, la navegación del lado izquierdo , o ninguna. No se puede utilizar ambas al mismo tiempo.

Centros de QuickBooks - Para los clientes, proveedores, empleados , informes y avances del banco, estos centros proporcionan acceso rápido a tareas comunes

Activos / Assets

- Incluyen tanto lo que tiene y lo que otros le deben
- El dinero que le deben de facturas pendientes se llaman Cuentas por Cobrar o CC, para abreviar. QuickBooks utiliza una cuenta de Cuentas por Cobrar para rastrear el dinero que le deben los clientes por facturas, y puede que tenga Notas por Cobrar adicionales si la empresa ha emitido préstamos que se deben de devolución.
- El resto de los activos de su empresa puede incluir cuentas corrientes, cuentas de ahorro, caja chica, los activos fijos (como equipo o camiones), el inventario y no los fondos no depositados (dinero que ha recibido de los clientes, pero aún no se han depositado en el banco) .

Pasivo / Liabilities

- Lo que su empresa debe a los demás
- El dinero que debe por Cuentas por Pagar son sus cuentas a pagar o C/P, para abreviar. QuickBooks utiliza una cuenta de Cuentas por Pagar para rastrear el dinero que debe a los vendedores o proveedores de cuentas.
- Un pasivo puede ser un préstamo formal, una cuenta sin pagar, o las ventas y los impuestos sobre la nómina que debe al gobierno. Cuando configure sus archivos de la empresa en QuickBooks, tenga en cuenta que a pesar de que las cuentas sin pagar son pasivos, se establecerán como Cuentas por Pagar en QuickBooks.

Capital / Equity

- El capital es la diferencia entre lo que tiene (sus activos) y lo que debe (sus pasivos): Capital = ctivos – Pasivos

En base a lo Devengado / Cash Basis

- Los ingresos se registran cuando se recibe el dinero (de ventas) y los gastos se registran cuando se abone el dinero (de cuentas). En otras palabras , los ingresos y gastos se reconocen en base a la fecha en que el dinero cambia de manos.

En base a lo Percibido / Accrual Basis

- Los ingresos se registran en el momento de la venta y los gastos se registran cuando se recibe la factura. En otras palabras , los ingresos y gastos se reconocen en base a la fecha de los documentos.

CONSEJO: Puede establecer un cambio a la base de presentación por defecto Accrual o Cash (acumulados o de efectivo) para los informes de resumen en las preferencias de la compañía, basados en el método de contabilidad que has elegido a efectos fiscales. Se puede cambiar la base de presentación de los informes individuales (con excepción de los informes detallados de transacciones) mediante la personalización de informes.

Chart of Accounts/ Lista de Cuentas

Para ir a la ventanilla de Chart of Accounts la podemos encontrar en la pantalla principal debajo de COMPANY en el desktop/menu de arriba

- El catálogo de cuentas es una lista completa de sus cuentas comerciales y de sus saldos
- Una cuenta es una categoría de seguimiento para sus negocios activos, pasivos, capital, ingresos y gastos

Al mantener los libros para una empresa, desea realizar un seguimiento:

- Cuando el llega el ingreso
- Dónde lo pones
- Cuáles son los gastos
- Y lo que se utiliza para pagarlos

Usted realiza un seguimiento de este flujo de dinero a través del Catálogo de Cuentas

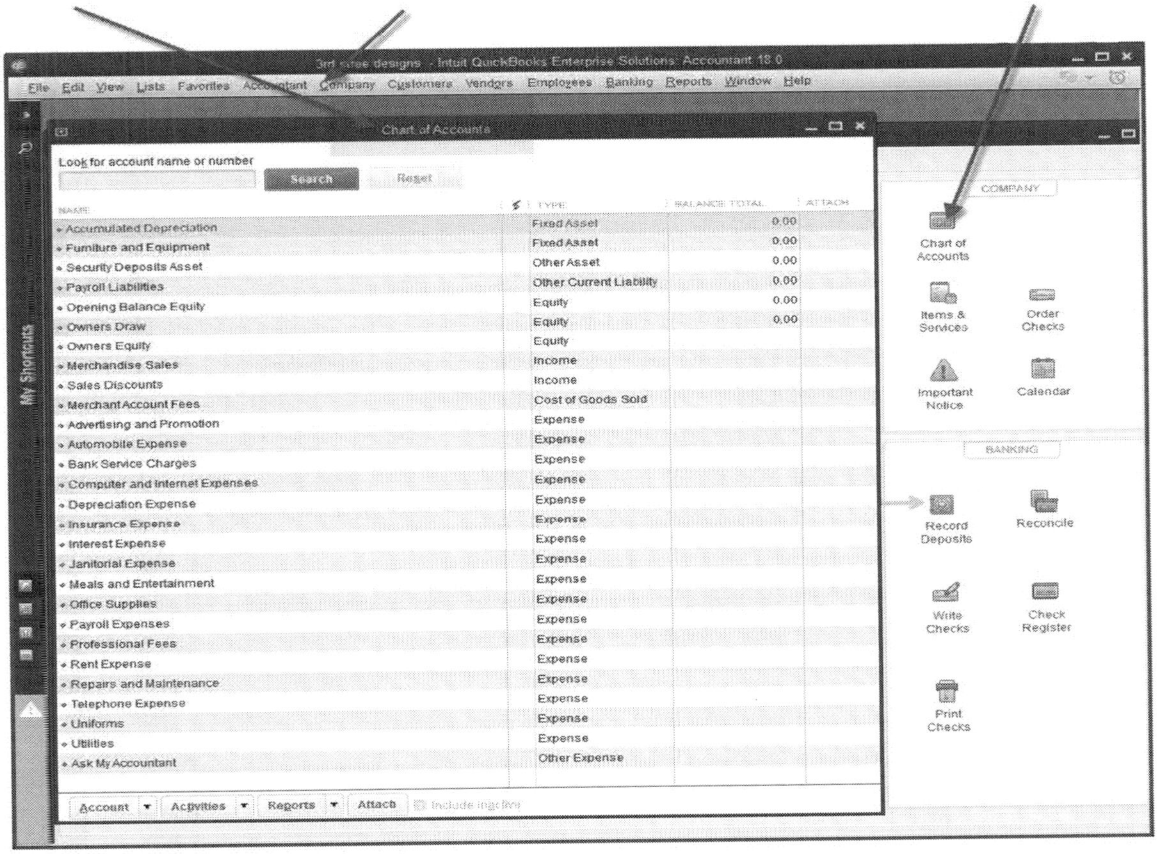

Chart of Acconts/Lista de Cuentas es la parte essencial de nuestro negocio.
Es donde todo el moviemiento del negocio va pasar tenemos que clase de timpo, cada cuenta ya sea Expense/Gastos, Income/Ganancia Cost of Goods Sold/Costos de productos vendidos y tambien nuestros Assets/pertenencias y Liabilities/Lo que devemos muy importante estudiar lo que cada una significa

Plan de Cuentas Chart of Accounts

Catálogo de cuentas / Chart of Accounts

• El catálogo de cuentas es una lista completa de sus cuentas comerciales y de sus
saldos

• Una cuenta es una categoría de seguimiento para sus negocios activos, pasivos, capital, ingresos y gastos

Al mantener los libros para una empresa, desea realizar un seguimiento:

• Cuando el llega el ingreso
• Dónde lo pones
• Cuáles son los gastos
• Y lo que se utiliza para pagarlos

Usted realiza un seguimiento de este flujo de dinero a través del Catálogo de Cuentas

Crear Nuevas cuentas

Este es el cerebro de quickbook es una lista de categorias de tu negocio
Pudes hacer nuevas cuentas o editar cuentas al hacer cuentas recuerda nombrarlas algo que lo describa bien y compresible igual a ti como a tu contador.

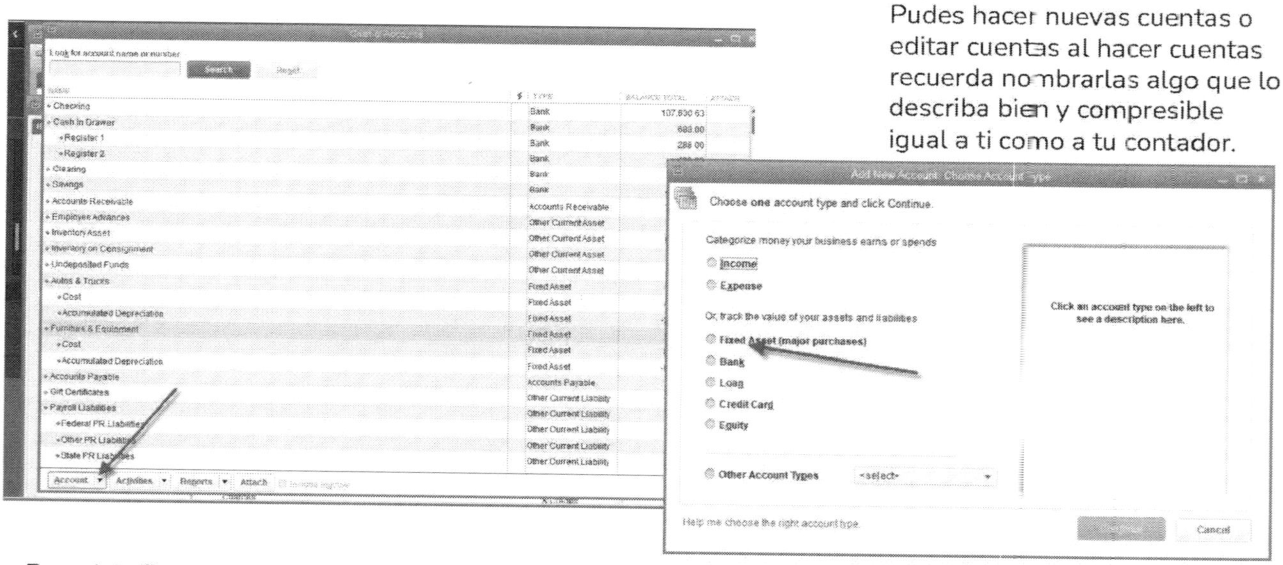

Para Añadir una nueva cuenta a Chart of Accounts nos vamos a New y nos da a escojer en una nueva ventanilla en esta te da las opciones en la izquierdad y la informacion a la derecha de lo que esa cuenta significa

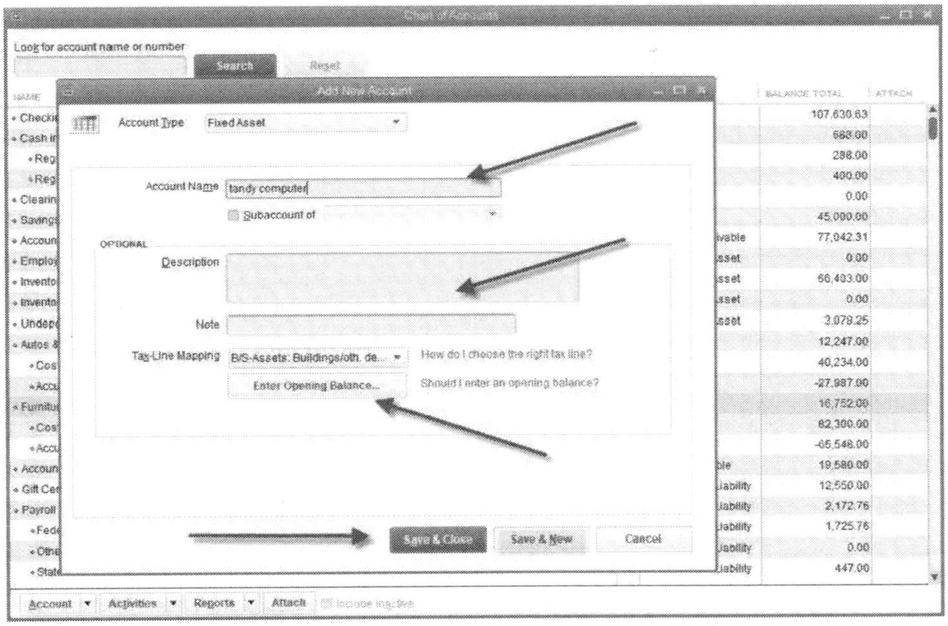

Tiene Nombre , Tipo de Cuenta   Detalle   el Balance de quickbooks y Balance del Banco esta ultima es cuando te conectas tu quickbook a tu banco en linea para ver si los numeros balancean al rato hablaremos de eso mas detallado

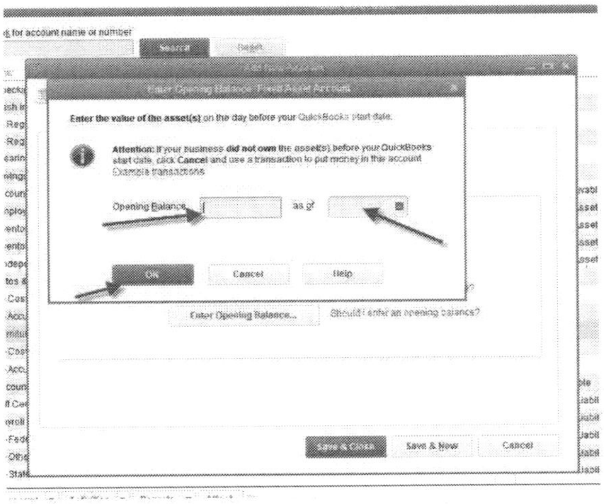

La fecha cuando empesaste
Tu negocio en quickbooks
Tiene que corresponder a
Statement de tu banco

Puedes poner tus bancos tarjetas de credito oh bancos en linea como paypal square, stripe
Estas serian transferencias de banco a banco
Deves de poner el balance cuando empieses tu ano o quarter tal y como esta en la cuenta de banco

Liabilities

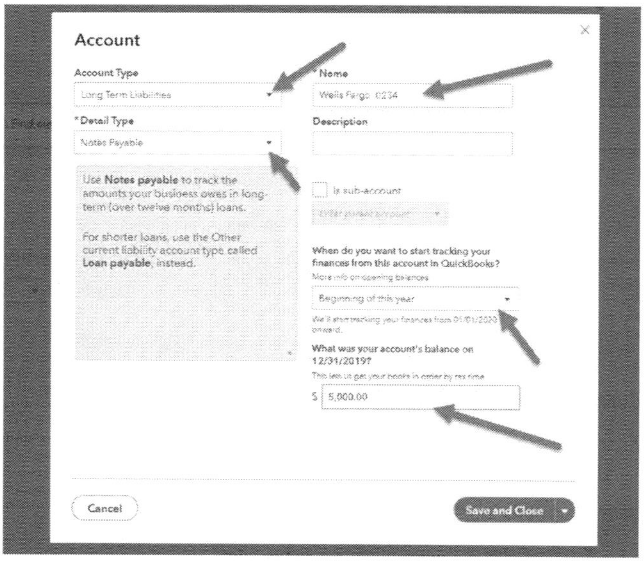

Cuentas como loans de banco que tenemos por largo tiempo ya sea mas de un año son Long Term Liability

Al poner lo que devemos como un prestamo automaticamente cambia nuestro opening balance equity a un negativo por la razon que nuestro negocio deve mas de lo que tenmos eso es parte de profit and loss (ganancias y perdidas)
Cada vez que hagan pago al banco para estre perstamo esta cuenta es la que deven de usar para el pago

Igual con tarjetas de Credito del negocio

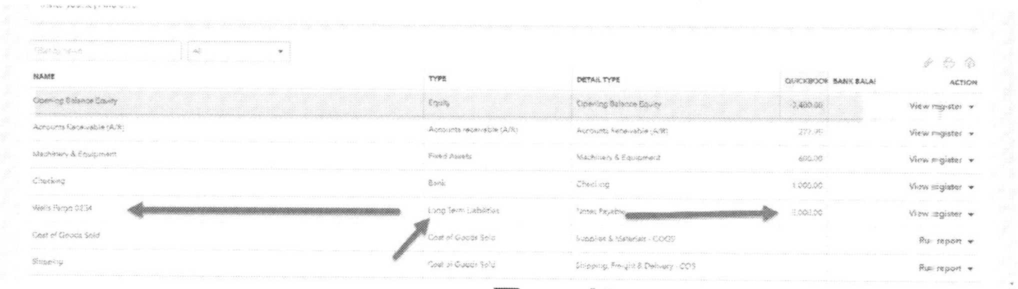

Equity

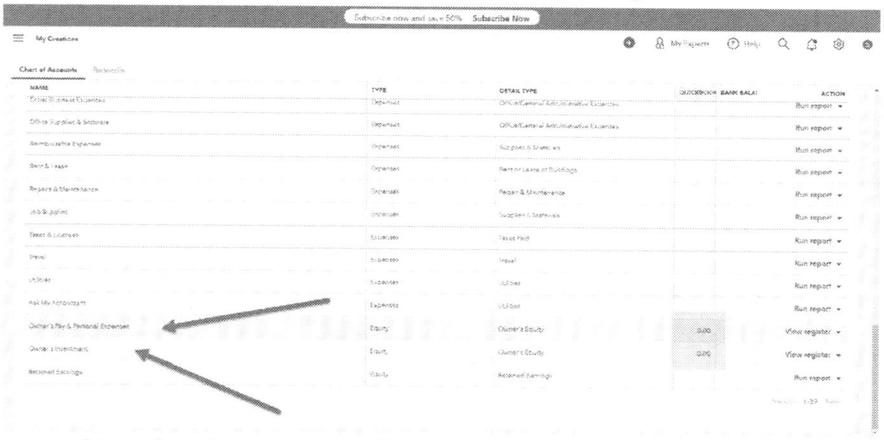

Es considera igual como cuando pones dinero tuyo al negocio o sacas dinero del negocio
Owner Draw o Owner pay & Personal Expenses
Owner Contribution or Owner Investment
Ejemplo si sacas dinero de tu cuenta de banco personal para depsitar a tu cuenta de banco de negocios es qui donde deves de poner el deposito pues es considerada business equity no Income

INCOME

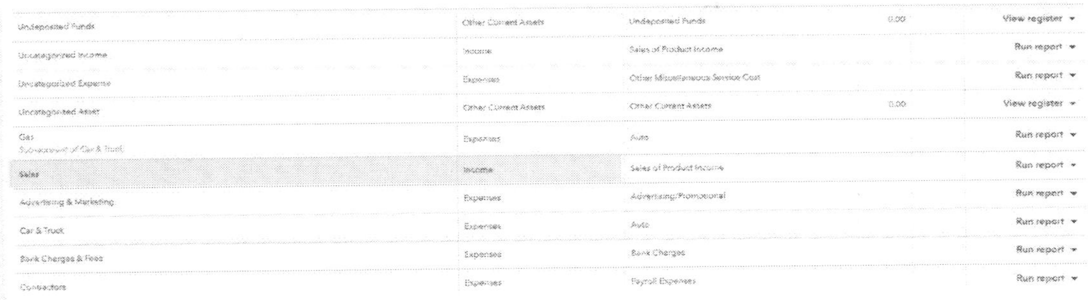

Undeposited Funds	Other Current Assets	Undeposited Funds	0.00	View register ▾
Uncategorized Income	Income	Sales of Product Income		Run report ▾
Uncategorized Expense	Expenses	Other Miscellaneous Service Cost		Run report ▾
Uncategorized Asset	Other Current Assets	Other Current Assets	0.00	View register ▾
Gas Subaccount of Car & Truck	Expenses	Auto		Run report ▾
Sales	Income	Sales of Product Income		Run report ▾
Advertising & Marketing	Expenses	Advertising/Promotional		Run report ▾
Car & Truck	Expenses	Auto		Run report ▾
Bank Charges & Fees	Expenses	Bank Charges		Run report ▾
Contractors	Expenses	Payroll Expenses		Run report ▾

Cuando haces una venta para tu negocio se va a sales puedes poner mas si gustas pero trata de ponerla a lo minimo recuerden si es inventario en el invoice se pondra como producto ya si es servicio se pone como servicio esto viene siendo el Income (ingresos del negocio)

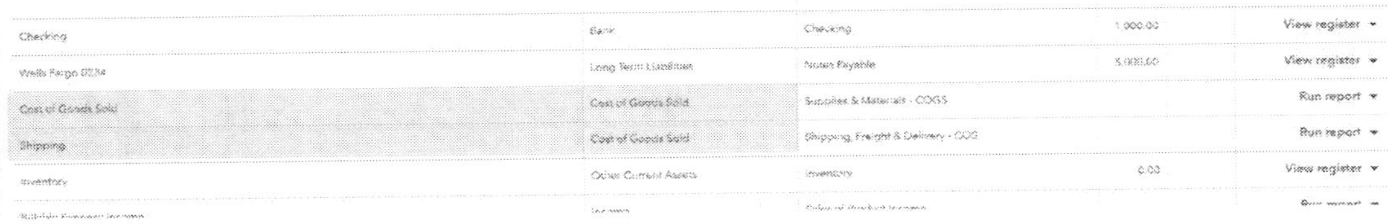

Checking	Bank	Checking	1,000.00	View register ▾
Wells Fargo 0234	Long Term Liabilities	Notes Payable	5,000.00	View register ▾
Cost of Goods Sold	Cost of Goods Sold	Supplies & Materials - COGS		Run report ▾
Shipping	Cost of Goods Sold	Shipping, Freight & Delivery - COS		Run report ▾
Inventory	Other Current Assets	Inventory	0.00	View register ▾

Cost of Gods Sold

Producto que tengas que comprar para poder vender tu producto el costo de producto vendido este es importante pues es donde sabemos las ganancias y perdidas de nuestro negocio. No confundirlo con Gasto de Negocio

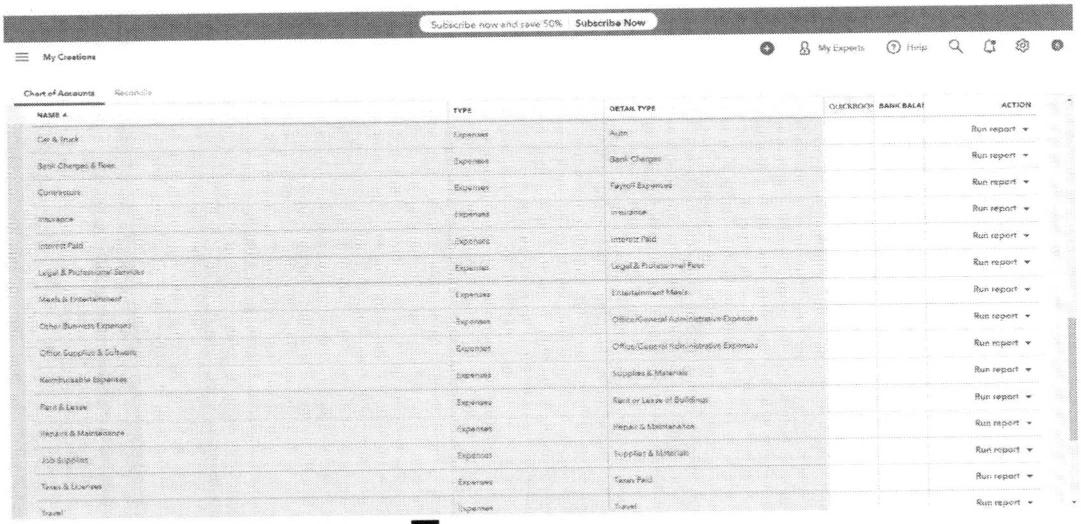

NAME ▲	TYPE	DETAIL TYPE	QUICKBOOK	BANK BALA	ACTION
Car & Truck	Expenses	Auto			Run report ▾
Bank Charges & Fees	Expenses	Bank Charges			Run report ▾
Contractors	Expenses	Payroll Expenses			Run report ▾
Insurance	Expenses	Insurance			Run report ▾
Interest Paid	Expenses	Interest Paid			Run report ▾
Legal & Professional Services	Expenses	Legal & Professional Fees			Run report ▾
Meals & Entertainment	Expenses	Entertainment Meals			Run report ▾
Other Business Expenses	Expenses	Office/General Administrative Expenses			Run report ▾
Office Supplies & Software	Expenses	Office/General Administrative Expenses			Run report ▾
Reimbursable Expenses	Expenses	Supplies & Materials			Run report ▾
Rent & Lease	Expenses	Rent or Lease of Buildings			Run report ▾
Repairs & Maintenance	Expenses	Repair & Maintenance			Run report ▾
Job Supplies	Expenses	Supplies & Materials			Run report ▾
Taxes & Licenses	Expenses	Taxes Paid			Run report ▾
Travel	Expenses	Travel			Run report ▾

Expense

Es nuestros Gastos de negocio como utilidades, gas, aseguranzas, gastos de oficina

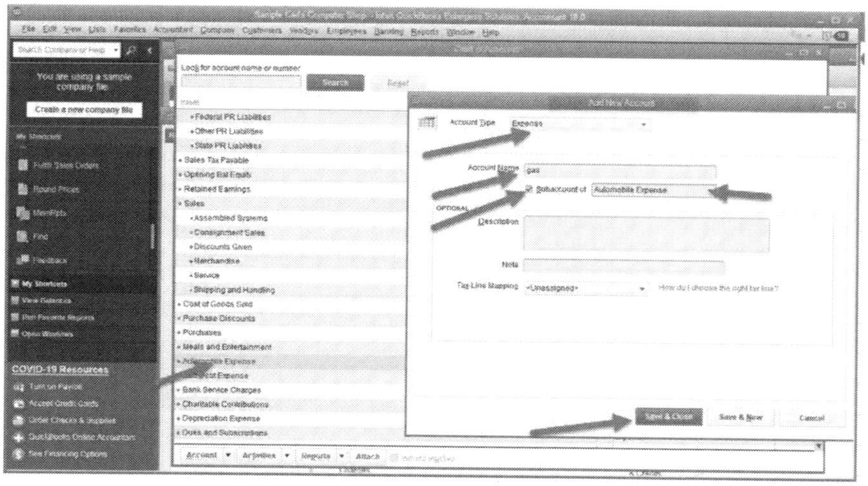

Combinando varios gastos para solo una cuenta con sub-account
Aqui usaremos una cuenta de Automobile y sub cuenta de Gasolina para mantener lo que gastamos solo en gasolina si deseamos otra sub cuenta como mantemimiento para saber lo que gastamos en mantener el vehiculo

Combinar cuentas

Chart of accounts es como un menu de cosas que queremos pero hay veces que tenemos dos que son iguales. Para eleminar ese paso tenemos que combinar las cuentas o convertir una en una sub account

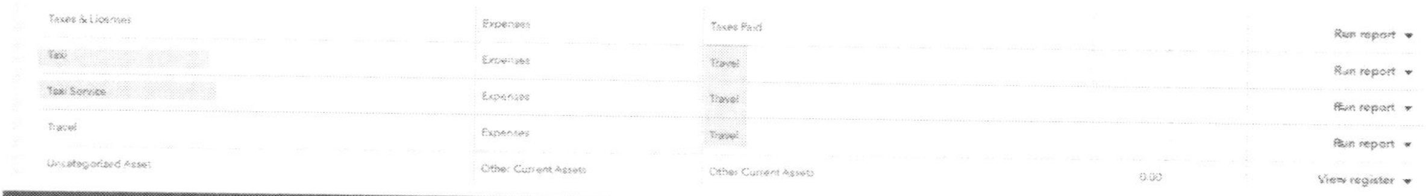

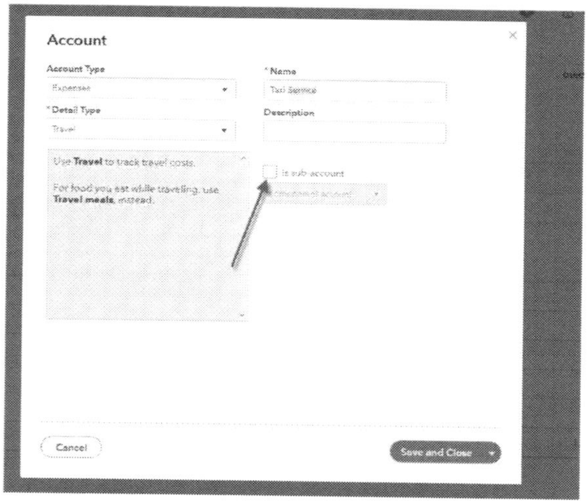

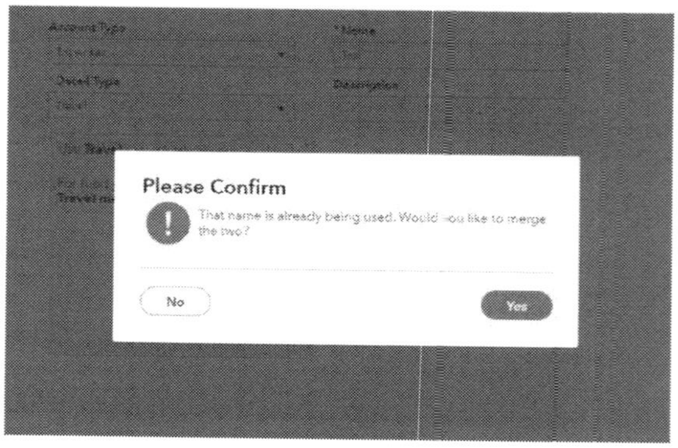

Edit Accounts

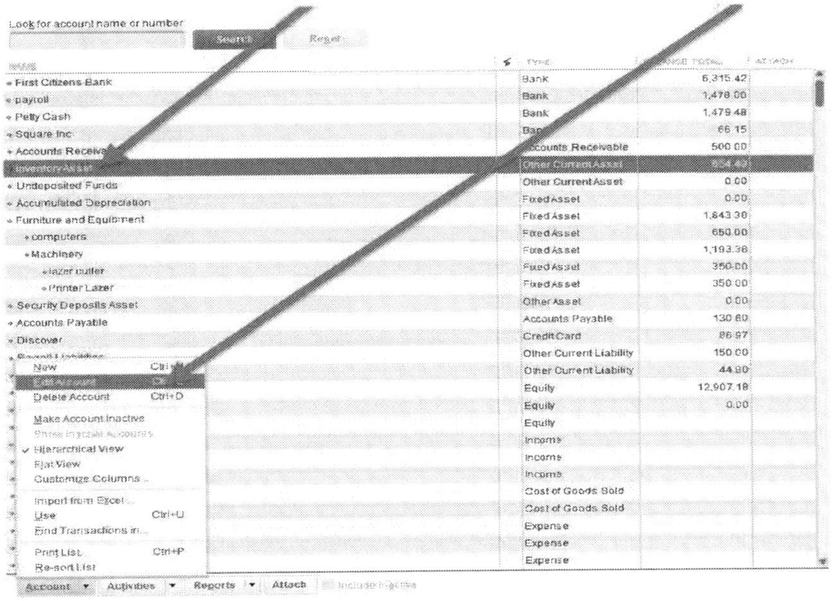

Escojemos la lista que deseamos
Editar y nos bamos abajo en Account hacemos click y Escojemos Edit Account
Aqui tambien la podemos hacer Inactive si ya no la usamos podemos borrar la cuenta solo si no a sido usada anteriorment si ya se uso tenemos que hacerla inactive

Eliminar y Deactivar

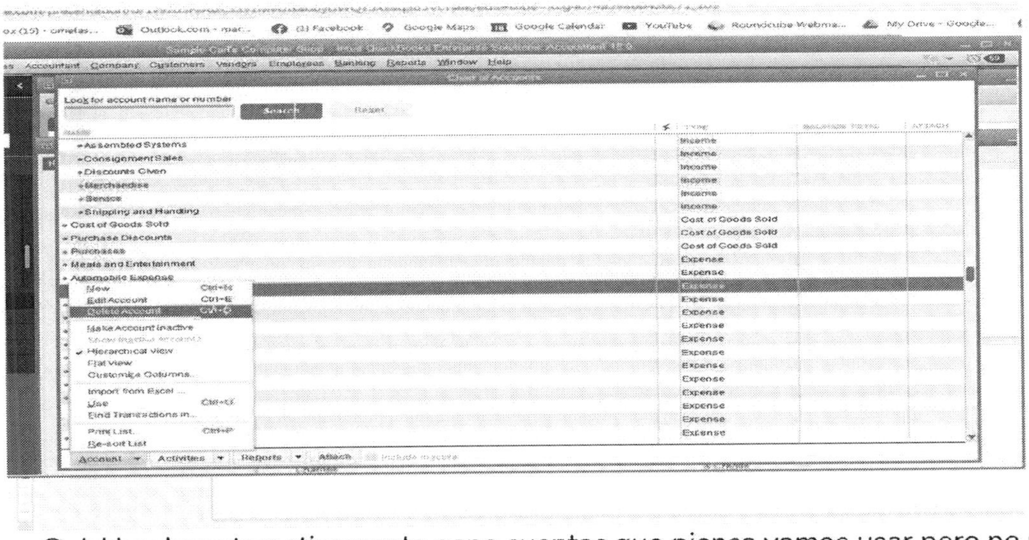

Muchas veces Quickbooks automaticamente pone cuentas que piensa vamos usar pero no usamos y no las queremos tener en nuestro menu de cuentas las puedes eliminar o deactivar. Pero si esa cuenta tiene unos pagos pendientes o balance no te va dejar ni una de las dos

En adición a los formularios y las listas, también trabajará con registros en QuickBooks. Al igual que usted utiliza su registro del talonario de cheques de papel para ver un registro de todas las transacciones en su cuenta de cheques - cheques que has escrito, otros retiros que ha realizado desde su cuenta, así como los depósitos - un registro de QuickBooks contiene un registro de toda la actividad en la que uno cuenta. Casi cada QuickBooks cuenta en el hoja de balance: activo, pasivo y capital. Ver la siguiente sección, *Toda la Contabilidad que necesita saber* tienen su propio registro. (La excepción es Ganancias Retenidas)

Las Cuentas por Cobrar / Accounts Receivable son el registro del dinero que se adeuda a la empresa, el pago, es decir, las facturas pendientes para las cuales una empresa no ha recibido el pago de los clientes .

He aquí un ejemplo del registro de una cuenta de Cuentas por Cobrar.

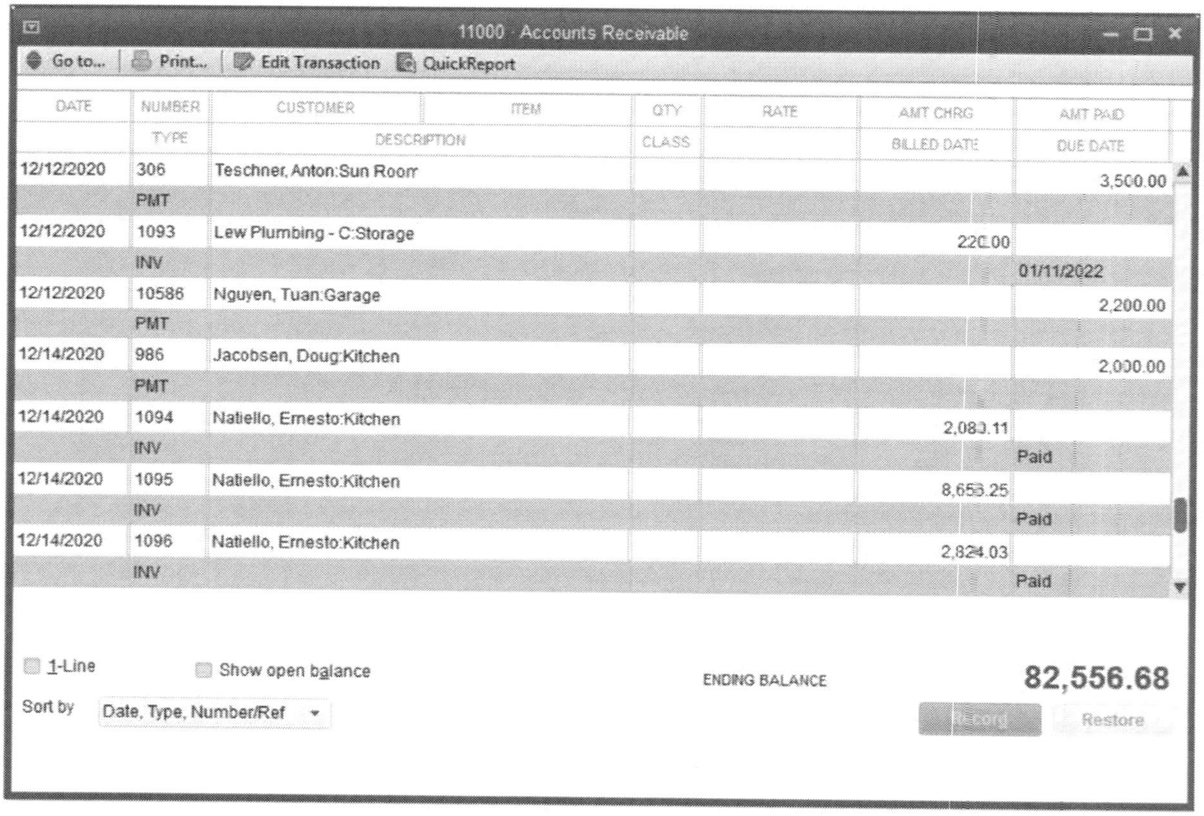
11000 · Accounts Receivable

Go to... | Print... | Edit Transaction | QuickReport

DATE	NUMBER / TYPE	CUSTOMER / DESCRIPTION	ITEM	QTY / CLASS	RATE	AMT CHRG / BILLED DATE	AMT PAID / DUE DATE
12/12/2020	306	Teschner, Anton:Sun Room					3,500.00
	PMT						
12/12/2020	1093	Lew Plumbing - C:Storage				220.00	
	INV						01/11/2022
12/12/2020	10586	Nguyen, Tuan:Garage					2,200.00
	PMT						
12/14/2020	986	Jacobsen, Doug:Kitchen					2,000.00
	PMT						
12/14/2020	1094	Natiello, Ernesto:Kitchen				2,080.11	
	INV						Paid
12/14/2020	1095	Natiello, Ernesto:Kitchen				8,653.25	
	INV						Paid
12/14/2020	1096	Natiello, Ernesto:Kitchen				2,824.03	
	INV						Paid

1-Line   Show open balance   ENDING BALANCE 82,556.68

Sort by Date, Type, Number/Ref   Record   Restore

2. Configuracion de Nuevos Clientes y Provedores.

A. Como crear un nuevo cliente (customer)
B. Ingreasr informacion detallada en cada trabajo (job)
C. Crear un nuevo proveedor (vendor)
D. Eliminacion/Desactivacion de Clientes y Provedorores/suplidores.
E. Configuracion de Articulos (Items & Service o Products & Service).
F. Entender la diferencia entre cuentas (Accounts) y articulos (Items).
G. Trabajar con diferentes tipos de articulos (servicios, piezas de inventario, grupos, etc.)
H. Diferencia entre piezas de inventario (inventory parts) y piezas que no forman parte del inventario (non inventory parts)
I. Crear articulos y sub articulos
J. Edicion eliminacion e inactivacion de articulos

Usando los "Centers"

1. En **QuickBooks®** tiene 3 "Centers" o Centros de Control: uno para proveedores/"Vendors", otro para clientes/"Customers", y el último de empleados/"Employees". Utilice los centros para administrar y ver toda la información y las transacciones de todos sus clientes, proveedores y empleados sin tener que cambiar de una ventana a otra.

2. Todos estos centros trabajan de la misma forma. Usaremos el Centro del Cliente para mostrarle como funciona. Estos centros están diseñados para editar, preparar las transacciones sin necesidad de tener separadas estas funciones en diferente áreas.

Todos sus clientes aparecen en esta área.

En esta área podrá observar todas las transacciones del cliente

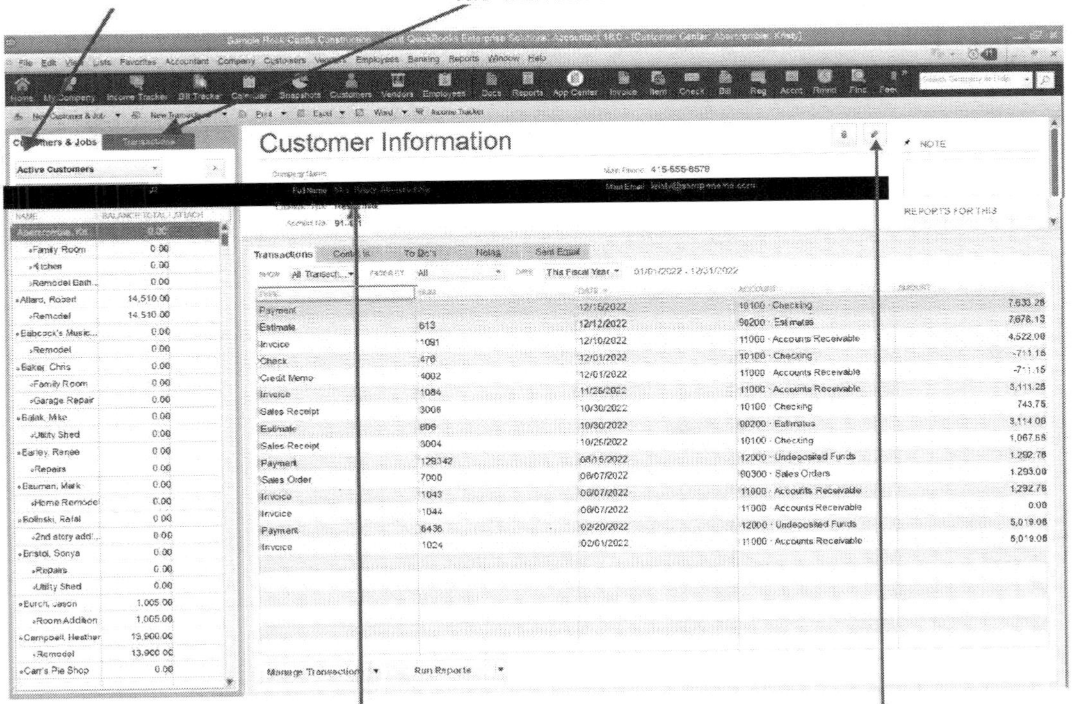

Para editar la información del cliente haga click en esta imagen.

La información del "Customer" Haga click sobre algun cliente y sus datos detallados aparecen aqui

Clientes y provedores

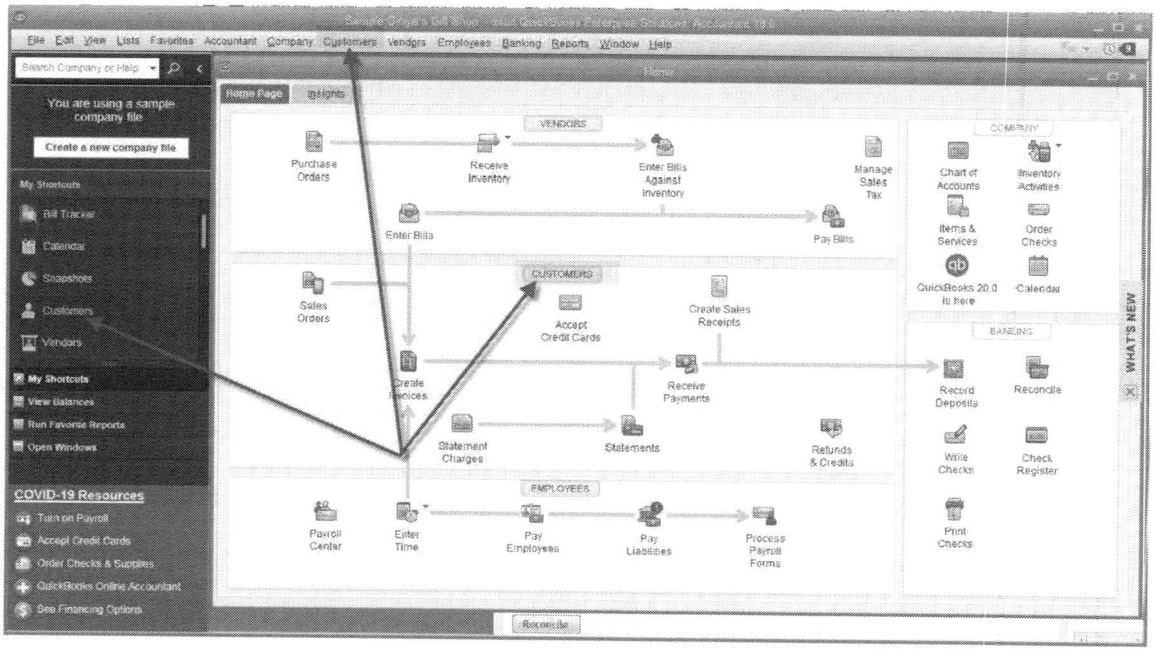

Hay varias maneras de ir a el lugar de clientes en Quickbook Desktop

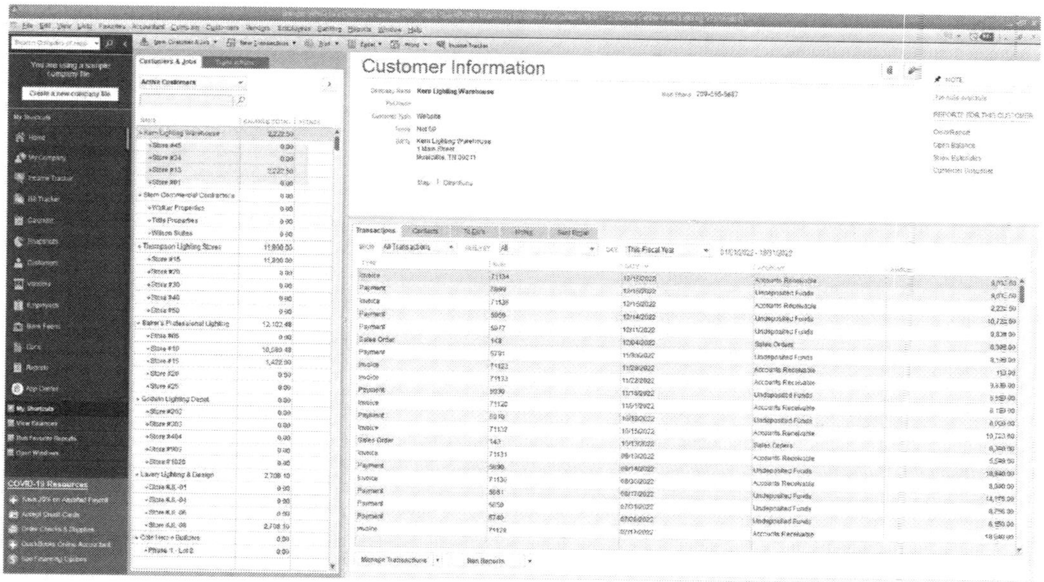

Aqui se miran los trabajos abierto ejemplo si tienes una tienda a la que le vendes pero tiene varias sucursales aqui se miraria las que tienen balance o las que estas surtiendo

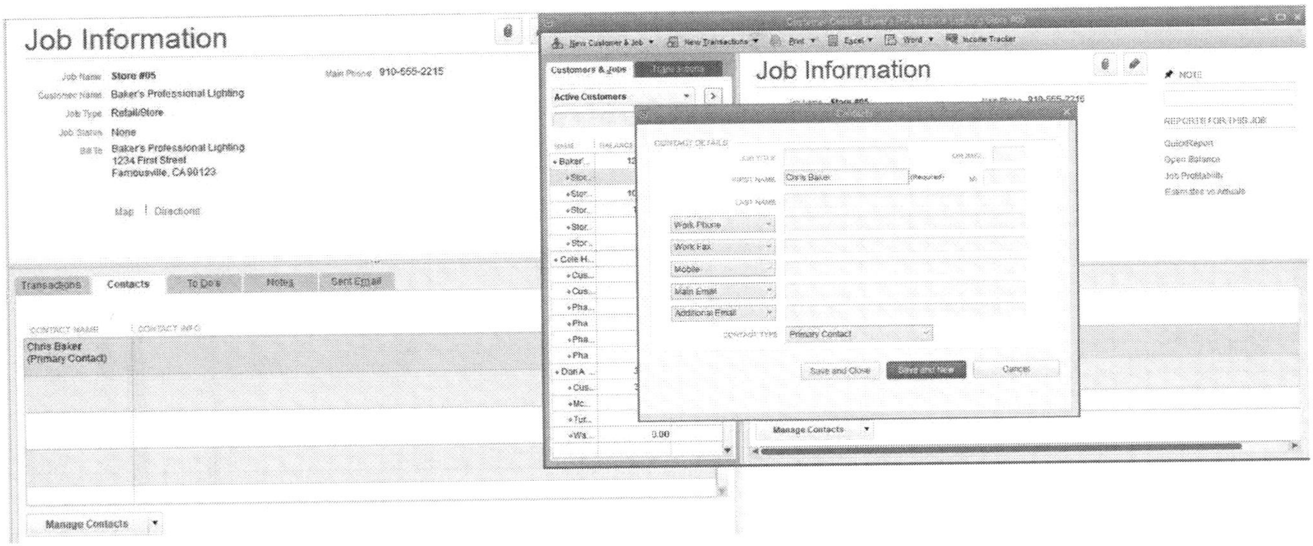

En las pestañas esta tambien contactos aqui si la informacion de el cliente es una tienda o compañia estaria las personas con las que tendriamos contacto cuando necesitariamos hablar con ellos puedes cambiar o añadir a personas dando un doble click a la columna

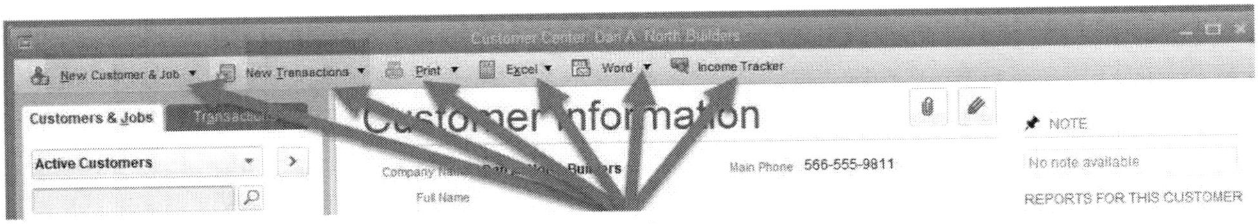

Aqui en el menu puedes crear un nuevo cliente nueva transacciones (no muy recomendado) imprimir sobre el cliente importar formas de clientes de excel si necesitas hacer un correo por parte de word aqui lo puedes hacer y tambien te da un reporte de los ingresos que te da el cliente INCOME TRACKER

Importando Clientes de Excel

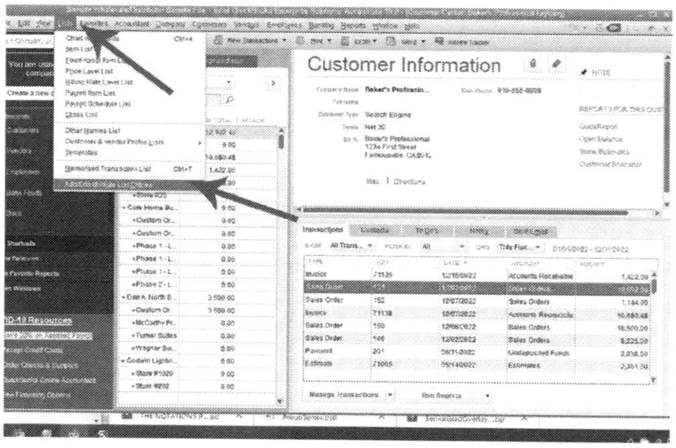

Esta forma de Importar clientes de excel se llevara como copy and paste (copiar y pegar)
Nos vamos a List/Add Edit Multiple entries/

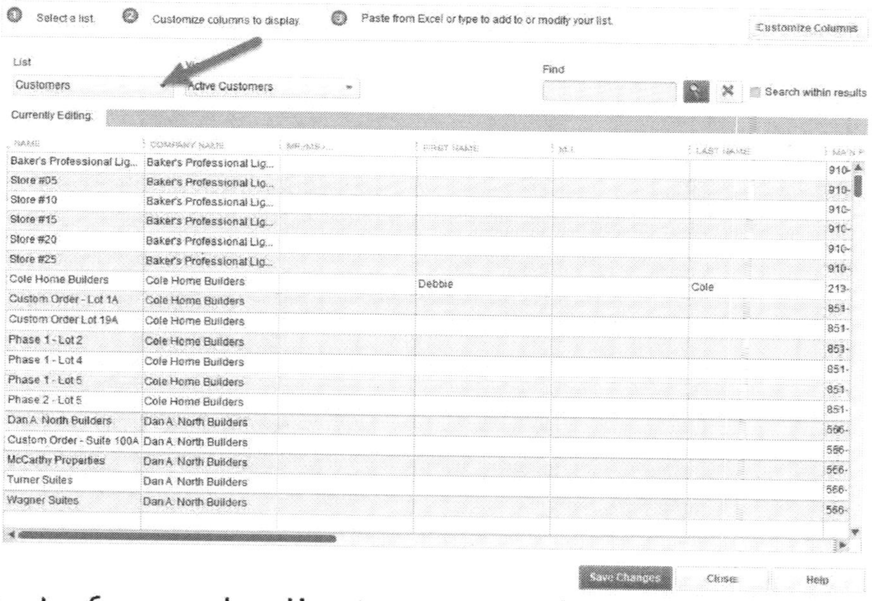

Se aparecera esta forma de clientes que es la lista acui puedes escojer Clientes o Vendors (provedores) esta ultima veremos en otra clase

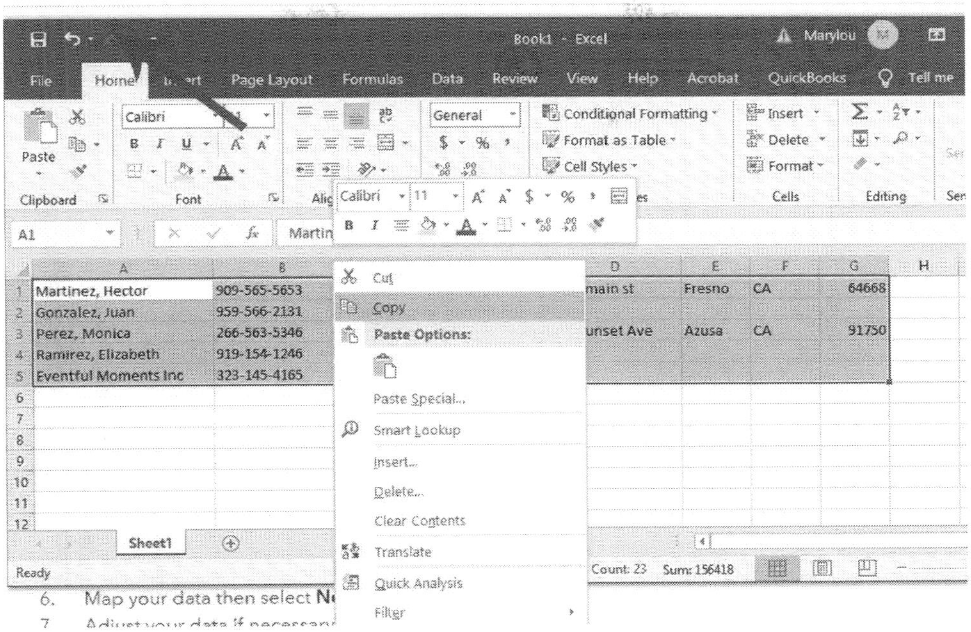

Vamos a copiar todas las entradas de excel tal y como estan

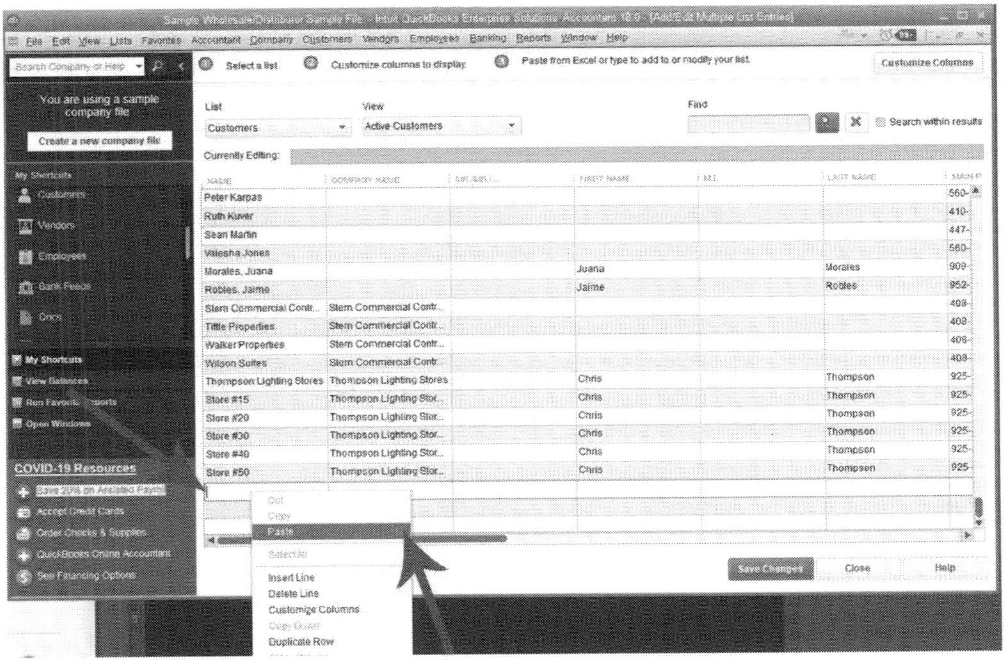

La ponemos en la ultima fila y le damos pase para poner nuestra copia de excel

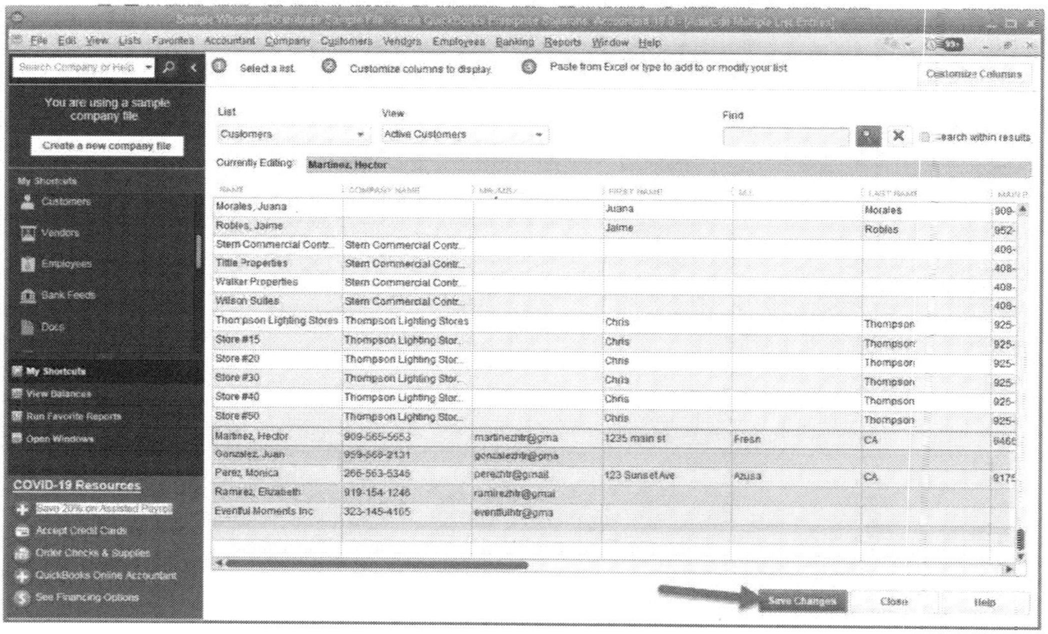

Ya pegado en la lista no se guarda hasta que uno le da Save Changes
Pero si miramos que la lista no esta en los lugares que queremos poner
Vamos arreglar las columnas vamos a cerrar (close) y arreglarlo

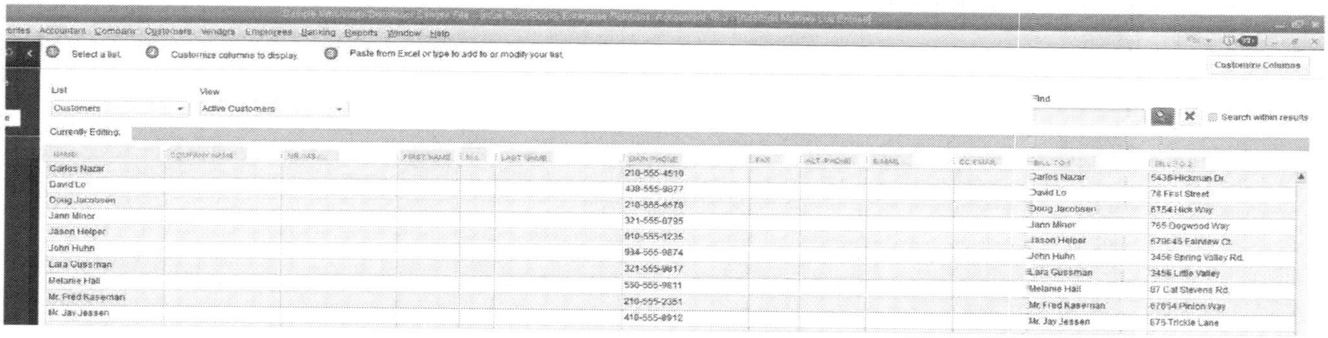

Si deseas que las listas de excel sean igual con la de Quickbooks necesitarias copiarl las columnas tal como estan en Quickbooks y hacer las formas igual en Excel
Recuerden Nombre es como se mira solo en la lista no como se mira en los invoices y correos
Ese va en First Name y Las Name
El de Bill 1 es el nombre que llevara el Invoice
El de Bill 2 es la direccion del invoice
Si lleva otra direccion esa hira en bill 3 y 4

Importar Clientes de Excel

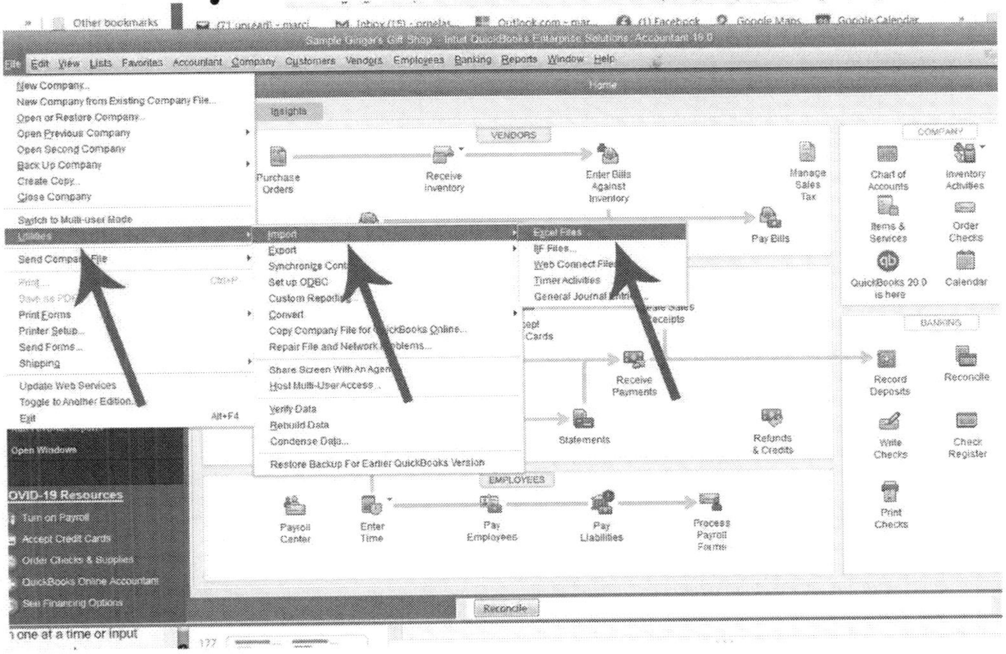

Esta es otra manera de Importar Clientes de Excel automaticamente de el menu File>Utilities>Import>Excel File

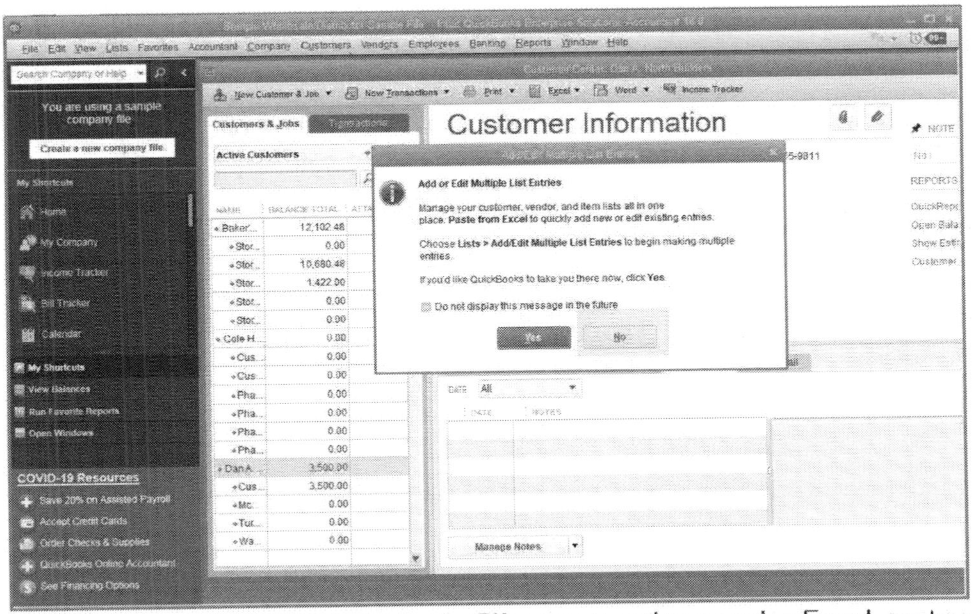

Tambien esta en el menu de la ventana de Clientes puedes escojer Excel se te va aparecer esta ventana con la explicacion que te da la opcion que repasamos antes le das yes te lleva a la de copy and paste le das no te lleva a la de importar le damos no

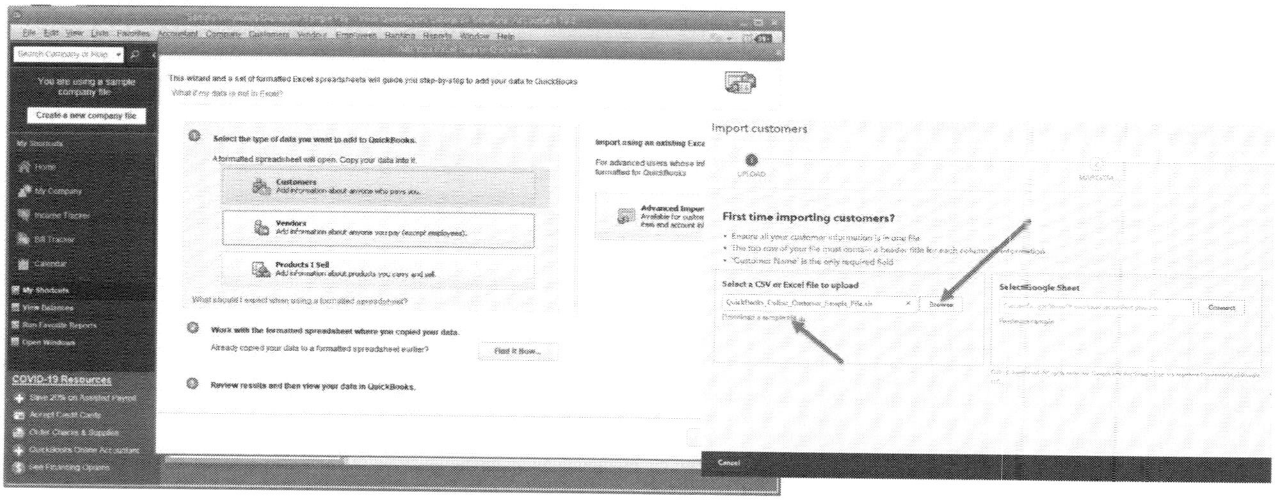

Se nos aparece esta ventanilla en la cual podemos ver Customers Vendors y Products to Sell aqui escojeremos Customers

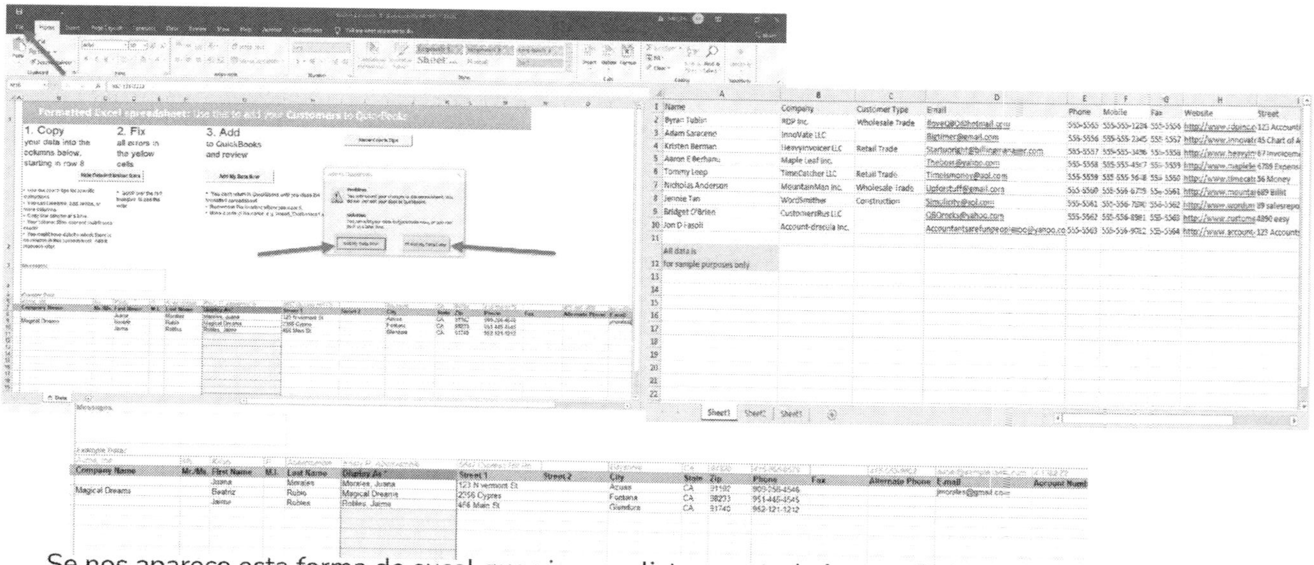

Se nos aparece esta forma de excel que viene ya lista para trabajar con Quickbooks la llenamos o copiamos de otra forma que ya tengamos recordar que la seccion azul es como se va mirar en nuestra columna de clientes no aparecera en la de invoices aquie escojemos si queremos apellido primero o nombre primero ya listo le podemos dar apply data o despues pero antes de esto es importante guardarla en nuestra computadora

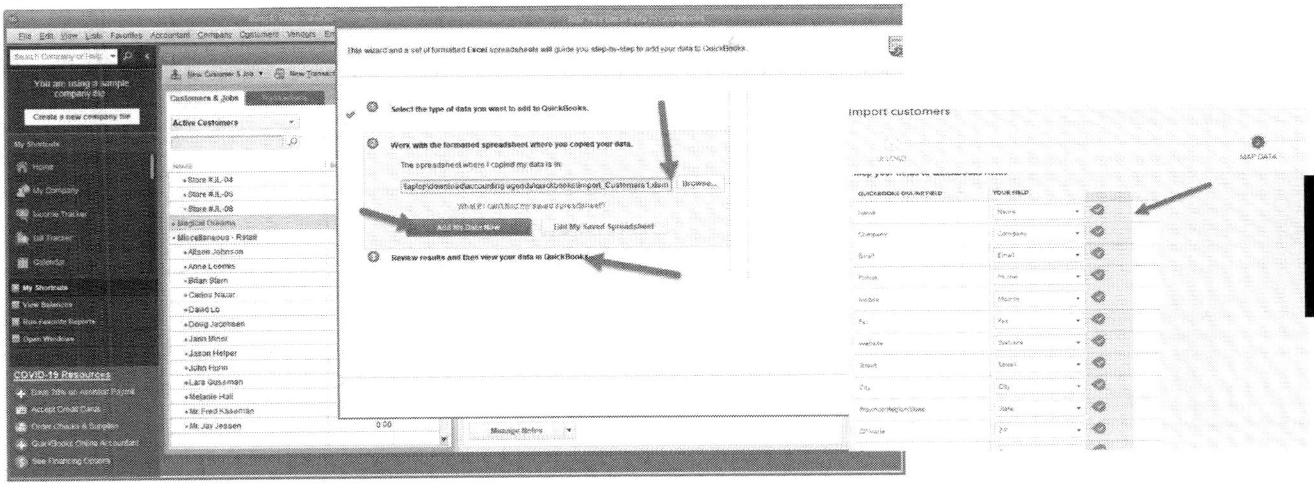

Si ya la tienes guardad te vas a la parte 2 y le dices importar Add my Data Now se va a review

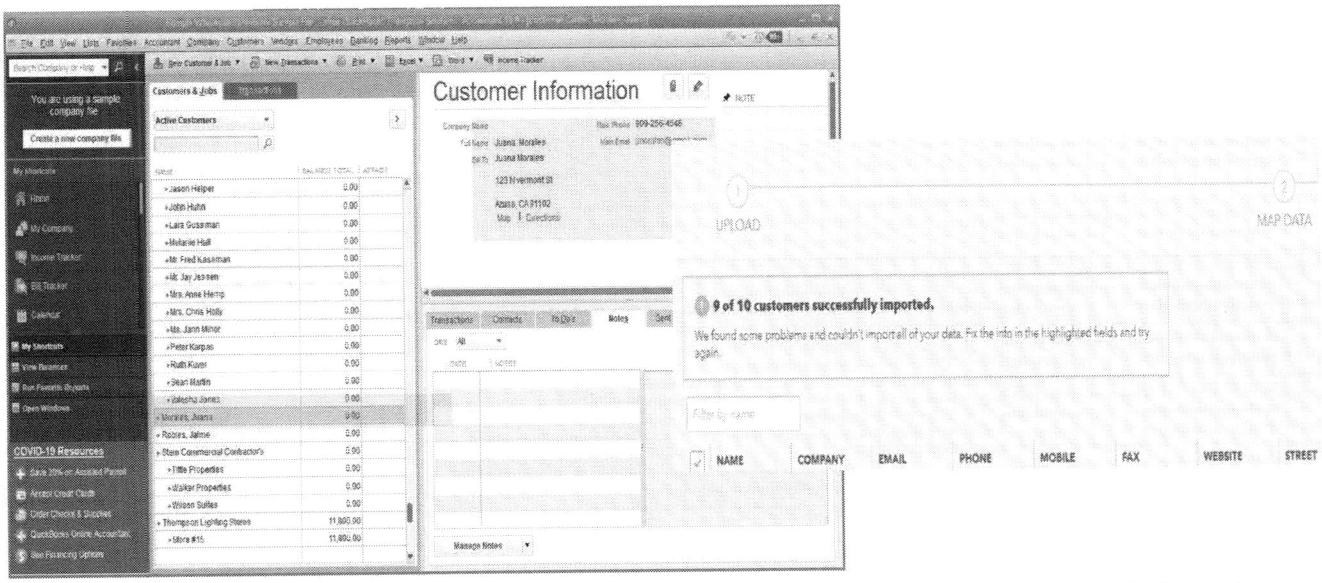

Miramos que se exportaron bien y cualquier cosa que quieras cambiar puedes ir Customer Information Edit

Creando Clientes Nuevos

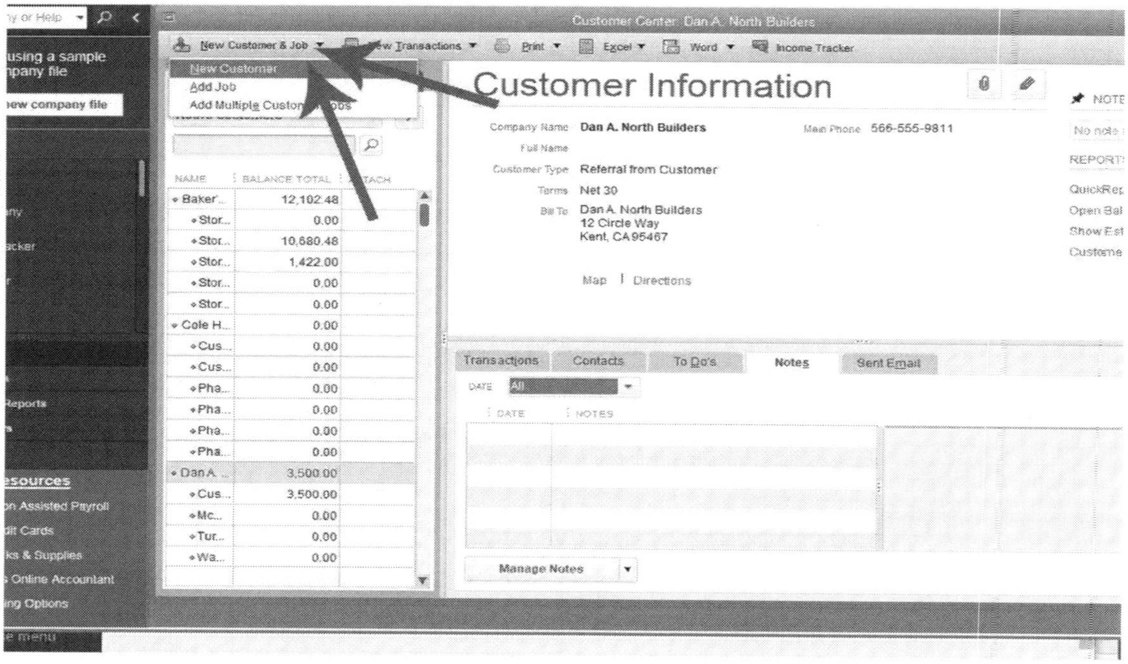

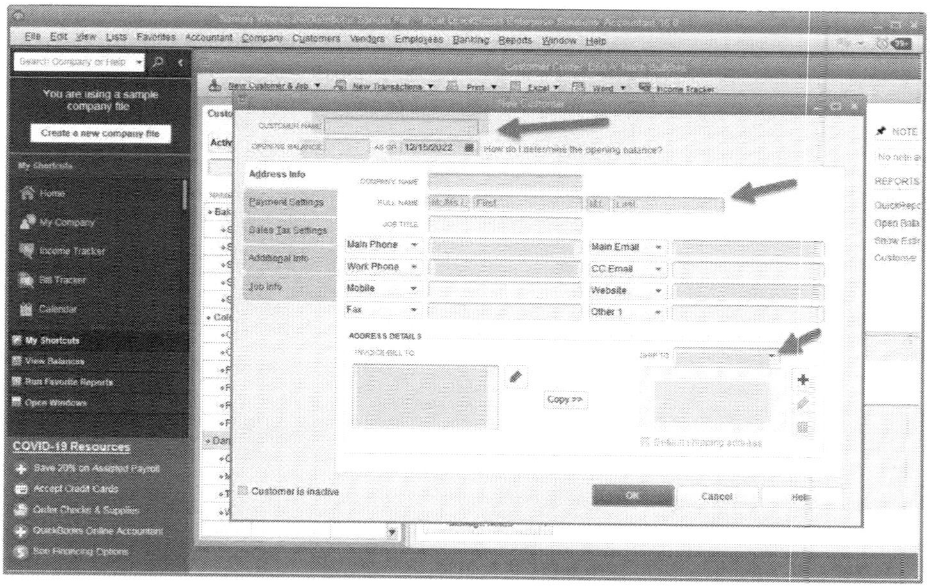

Tiene el opening balance por si te deve el cliente un balance pero es prefirible dejarlo en blanco y hacer un invoice de lo que se deve para tener mejor contabilidad

Dando click a las pestañas puedes modificar que quieres que se ponga en la lista te da varias opciones

Aqui ponemos la informacion importante de tu cliente como nombre compañia telefono y direccion Nota importante que el nombre que pones arriba es el nombre que se mirara en la columna de clientes como quieres que se mire apellido,nombre o nombre, apellido
Ya el de abajo es como se mirara en los invoices y correos que mandaras

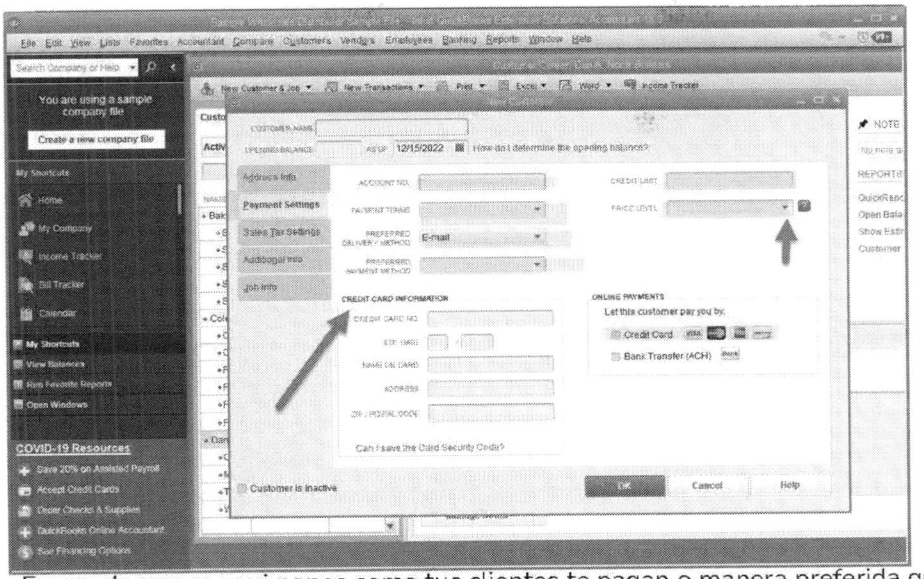

Aqui puedes escojer El PRICE LEVEL que ejemplo le das descuento a este cliente o esta en otra categoria de precios

Abajo en lo de la tarjeta de credito Es solamente si tienes opcion de pagar en linea

Forma de pagos aqui pones como tus clientes te pagan o manera preferida que te pagan y en que forma si les das credito tambien le pones un limite o terminos de pagar
Nota puedes poner la informacion de tus tarjetas aqui pero no es recomendable pues si por cirta razon se pierde la computadora pueden robarse tambien la informacion

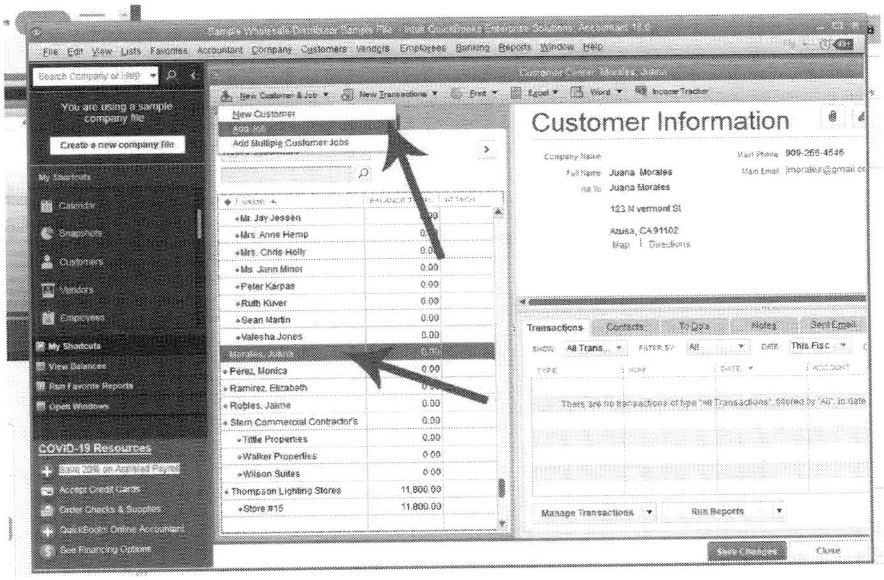

Vamos a crear un nuevo trabajo para nuestro cliente o Invoice escogemos el cliete vamos arriva New Costumer & Jobe>Add Job

Aqui tenemos las ventanillas donde estan los vendors (provedores) esta sera igual que los customers y tambien los empleados llenaremos toda la informacion

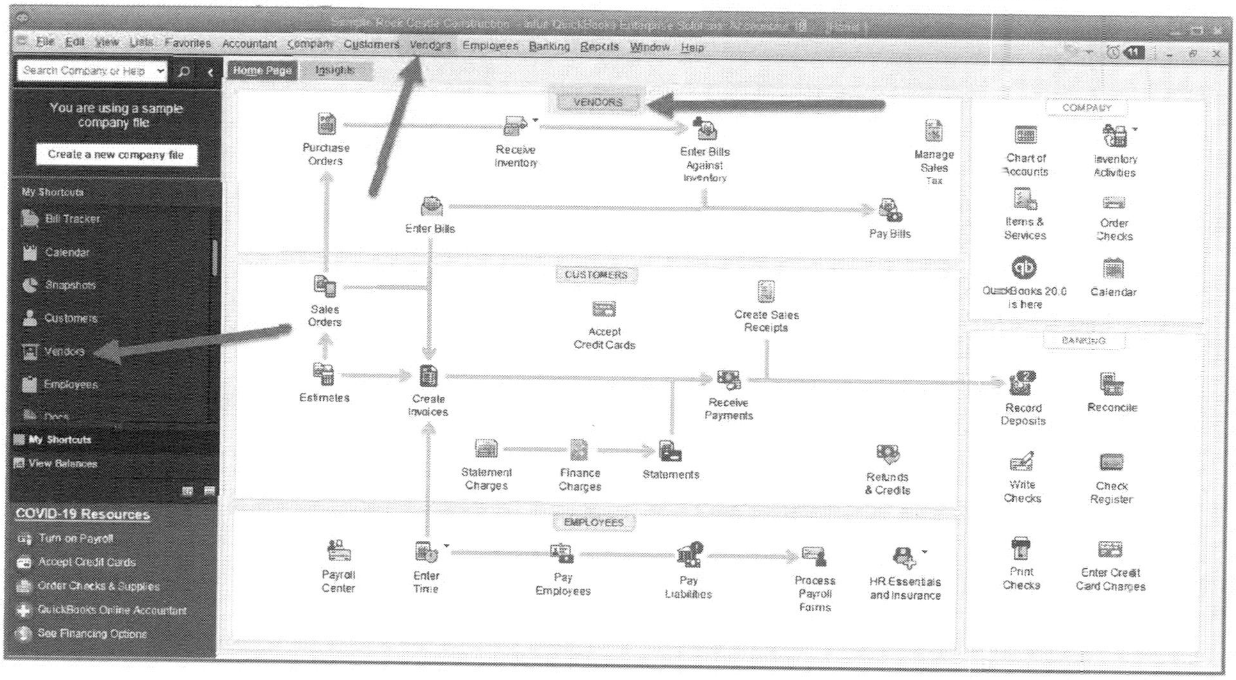

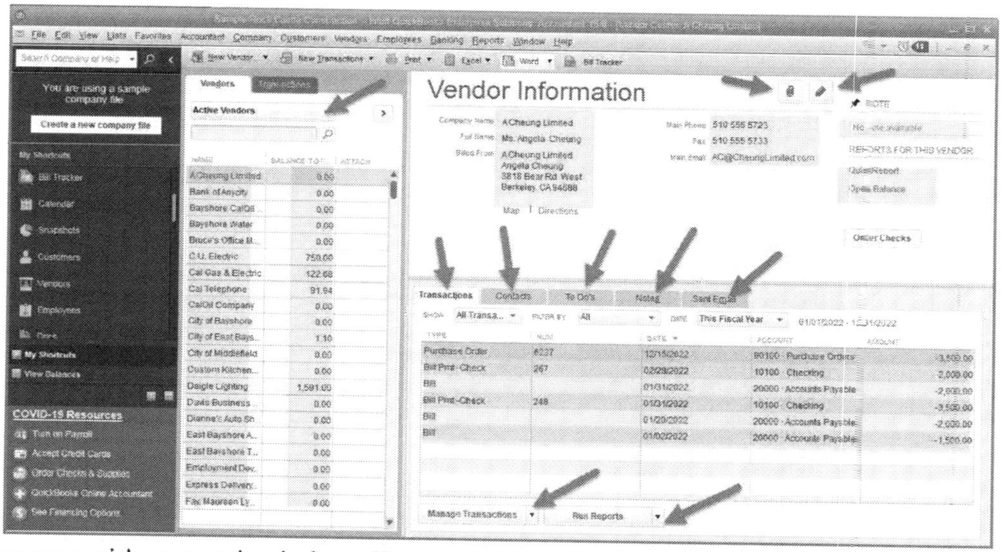

Vendor list es parecida como la de los clientes trabaja igual pero si miran que la lista de vendors no tienen sub cuentas como trabajos pues por que solo son provedores y no clientes
Al añadin uno nuevo nos vamos al menu de arrova dando click al New Vendor

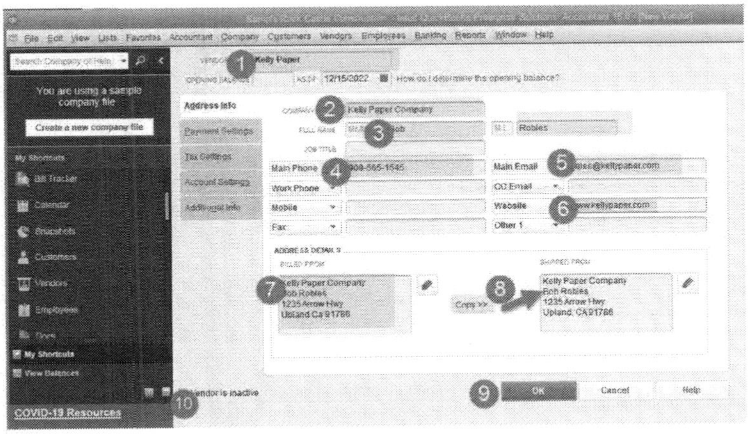

Igual que el de clientes llenamos la informacion

1. El nombre de el provedor como queremos verlo en la lista
2. Otra vez el nombre como va ir el correos o pagos que agamos
3. Aqui ponemos la persona con la que estamos comunicando ya se un manger o empleado.
4. Telefono de el provedor
5. Correo electronico
6. La pagina web de el provedor
7. Aqui ponemos la direccion ya que el nombre de el provedor y el encargado se auto llenaron
8. Si el envio va a ir a otra direccion aqui se cambia si no solo dar click a copy
9. Dar Ok y listo
10. Aqui si por cierta razon dejamos de usar a este provedor lo hacemos inactivo.

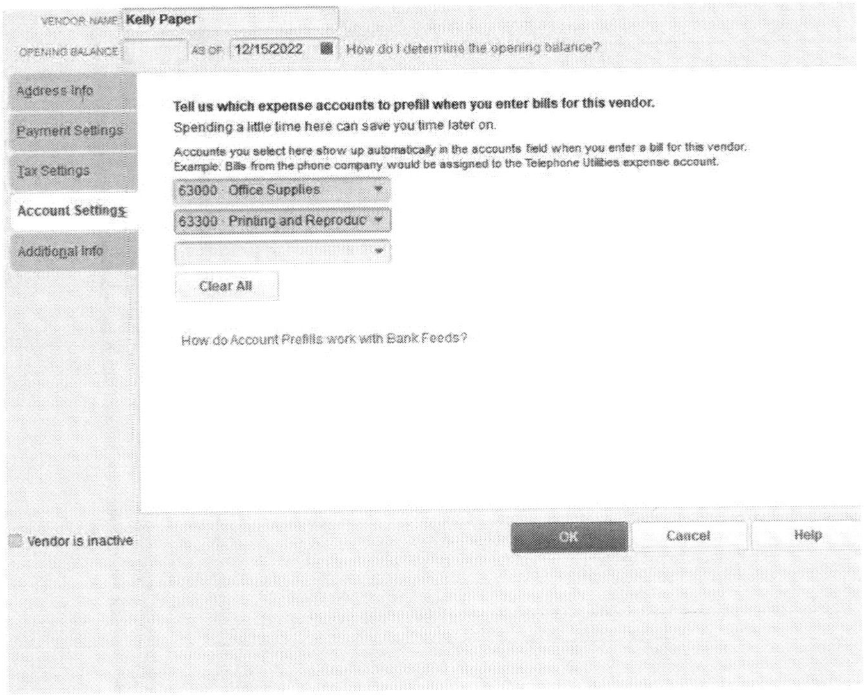

Aqui podemos poner cual de nuestras cuentas (Chart of Accounts) es donde pertence nuestro Expense de este provedor

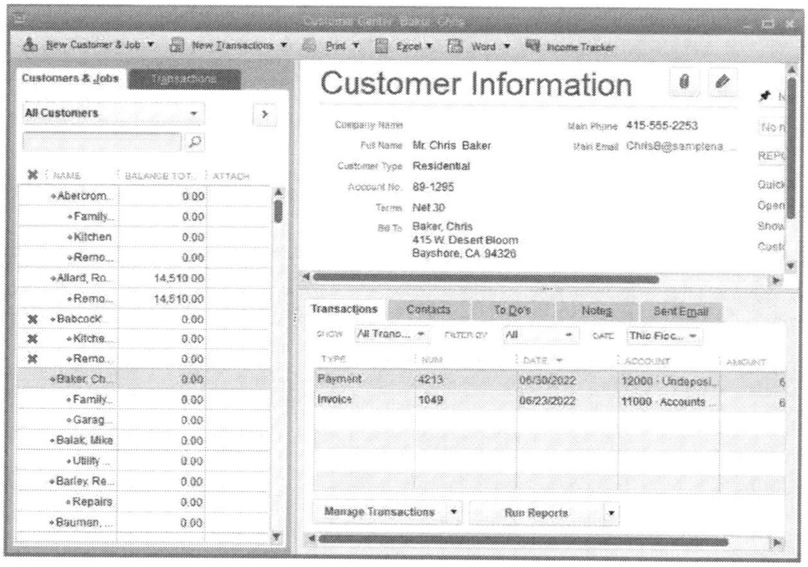

Para hacer el client o vendor inactivo se puede ir uno a la informacion del cliente o vendor y en la parte de edit en la equina de abajo izquierda encontraras Make inactive hacemos click y es todo

Tambien ir al cliente o vendor de la lista hacer righ click (Click Derecho) y en la lista sale make inactive

Ya el la parte de la lista donde dice active customers o vendors le damos click a all y se mira que lo que tienen la x a lado del nombre son inactivos no se borran simplemente se guardan y no salen en la lista

Configuracion de Articulos/Inventory

Preferencias

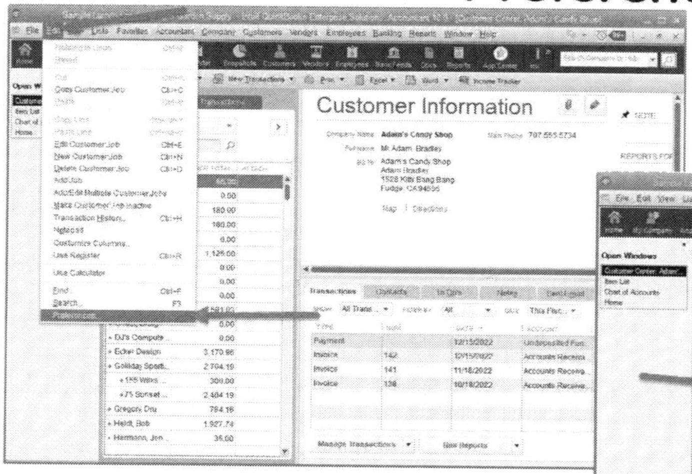

Primero tenemos que mirar que podemos poner inventario en nuestra compañia nos vamos a las preferencias para mirar si tenemos la flechita puesta en company preferences

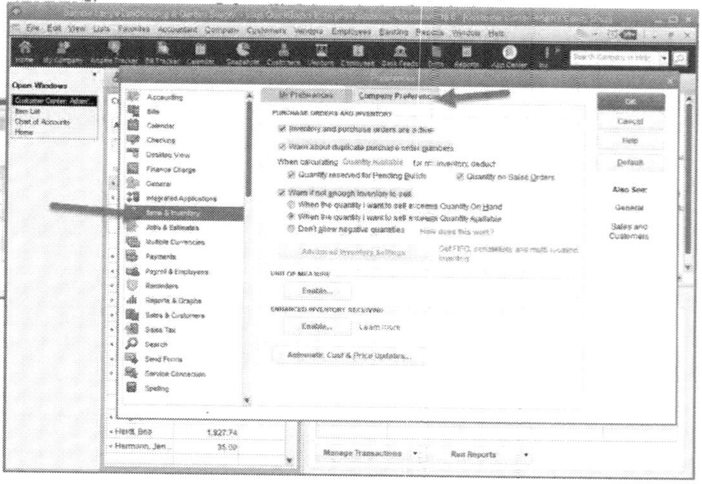

"Accounts" se refiere a una selección de una cuenta del Chart of Accounts de la empresa para categorizar el tipo de gasto (o tipo de no gasto), mientras que "Items" se refiere principalmente a agregar un artículo de la lista de productos y servicios, como la compra de artículos de inventario. por cantidad y precio unitario.

Diferecia enter General Ledger Accounts y Item Muchas veces usamos Chart of Accounts para seguir cosas como linea de producto o servicio

Ejemplo puede ser que tu compaña solo ofrece servicio o solo ofrece un producto de estos no es necesario un inventario.

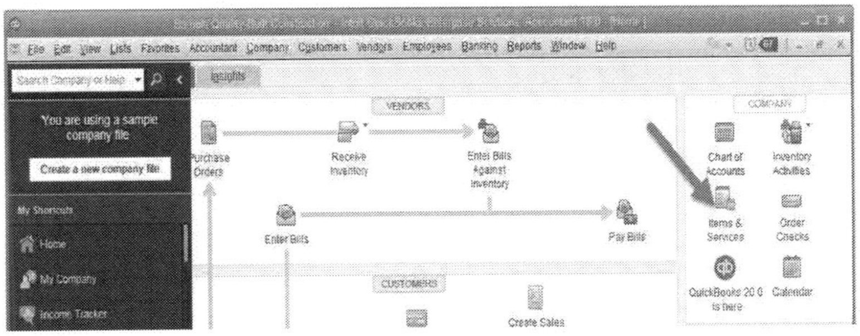

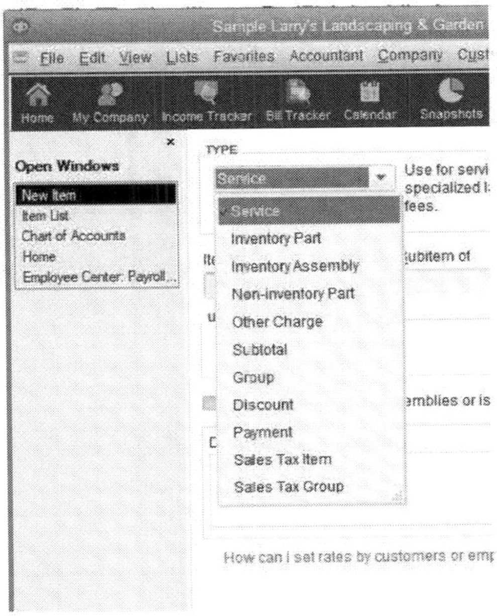

Service: Servicio que se la al cliente
Inventory Part: Representa un articulo que tienes para vender al cliente. Este se mantiene en inventario
Inventory Assembly: Es un tipo de articulo especifico que es parte de poner algo en conjunto o una parte de un grupo de Inventario para montaje tornillos y clavos en instalacion de gabinetes
Non Inventory Part: Parte de un articulo que compras y vendes y que no deseamos mantener inventario pero lo ofrecemos al publico. Ejemplo como una camisa que ofrecemos pero mandamos hacer a otro provedor solo mandamos la graphica
Other Charge: Si tienes otro cargo que se incluye en el invoice como colgar luces para el patio seria otro cargo extra y pondrias tu precio
Subtotal: si tienes unos grupos y quieres mostrar el subtotal y abajo digamos añades otras cosas no incluidas en el estimate.
Group: Una groupo de productos o servicios que vendes juntos para tu cliente ejemplo Una canasta de fruta con quesos y vino
Discount: como lo describe Descuento
Payment: Aqui seria si te dieron un pago o deposito antes de que mandaras el invoice
Sale Tax Item:
Sales tax Group:

Digamos que tienes una compañia de Lawn service y en tu chart of accounts tienes servicio pero debajo de servicio tienes un sub account como Cortar pasto (mowing) Tree Trimming (cortar hojas del arbol) o tirar basura

Para contener el Chart of Accounts a una lista manegable y pequeña podemos poner esos servicios en Items (articulos) para que sea mas manejable al hora de reportes y invoices

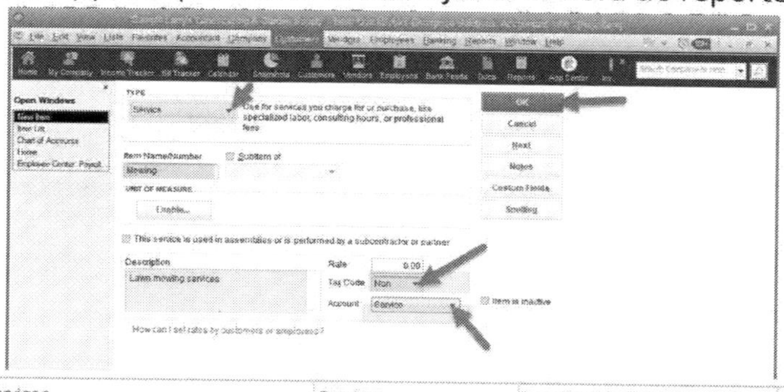

◆ Gardeni...	Weekly gardening services	Service	Landscaping Services:Labor...			0.00
◆ Installati...	Installation of landscape design	Service	Landscaping Services:Labor...			35.00
◆ Mowing	Lawn mowing services	Service	Service			0.00
◆ Pest Co...	Pest control services	Service	Landscaping Services:Labor...			0.00
◆ Tree Re...	Tree Removal Service	Service	Service			0.00

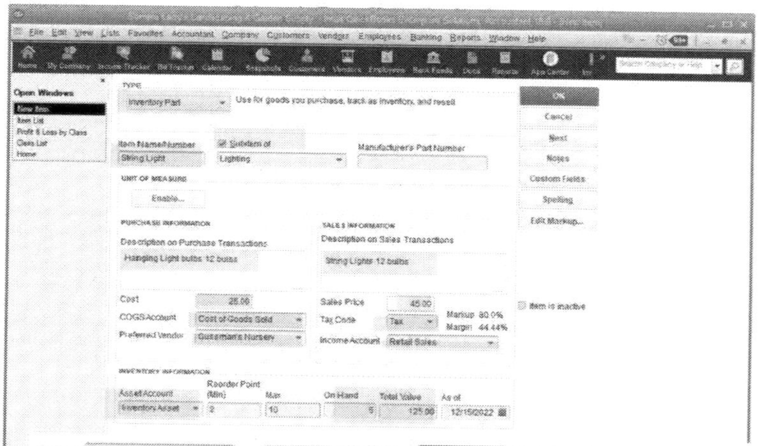

Si es Parte de Inventario ponemos lo necesario de descripcion como el nombre si tiene numero de parte de la compañia el costo a nosotros el costo al cliente la cuenta de la que usaremos cuando lo vendamos y la cuenta que usaremos para el gasto que hicimos usualmente COG si tenemos en inventario cuantos tenemos a la mano y si queremos que nos recuerde cuando necesitamos ordenar mas tambien llenamos esta informacion aqui

Look for [ ] in All fields Search Reset Search within results

NAME	DESCRIPTION	TYPE	ACCOUNT	TOTA...	ON SA...	PRICE	ATT...
◆ Lighting	Garden Lighting	Inventory Part	Landscaping Services:...	94	0	0.00	
◆ Pump	Fountain pump	Inventory Part	Landscaping Services:...	48	0	75.00	
◆ Soil	Soil, 2 cubic ft bag	Inventory Part	Landscaping Services:...	0	10	6.75	
◆ Sprinkler Hds	Sprinkler heads	Inventory Part	Landscaping Services:...	69	0	0.00	
◆ Sprkl pipes	Plastic sprinkler piping	Inventory Part	Landscaping Services:...	826	0	2.75	
◆ String Light	Novelty String Lights	Inventory Part	Retail Sales	5	0	45.00	
◆ bulbs	Do not sell for assembly only	Inventory Assembly	Revenue	0	0	0.00	
◆ box frame		Non-inventory Part	Retail Sales			2.75	
◆ Concrete	Concrete for fountain installation	Non-inventory Part	Landscaping Services:...			0.00	

3. Transacciones relacionadas con clientes: cotizaciones, facturas y pagos de clientes

A. Como crear cotizaciones para clientes y trabajos en especifico (Estimates)
B. Emision de nuevas facturas desde cero (Invoice).
C. Originar una factura desde una cotizacion (Estimate to Invoice).
D. Recepcion de pagos desde una factura (Receive Payments).
E. Depositar los pagos de clientes en el banco (Record Deposits).
F. Transaccion relacionadas con Provedores: Ordenes de Compra, Facturas y Pagar Cuentas.
G. Crear una Orden de Compra (Purchase Order)
H. Recibir una orden de compra y registrarlo como una factura por pagar (Enter Bills Against Inventory)
I. Emision de nuevas facturas de provedor desde cero (Enter Bills).
J. Como pagar las facturas pendientes (Pay Bills).

Trabajando Con Estimados (Estimates)

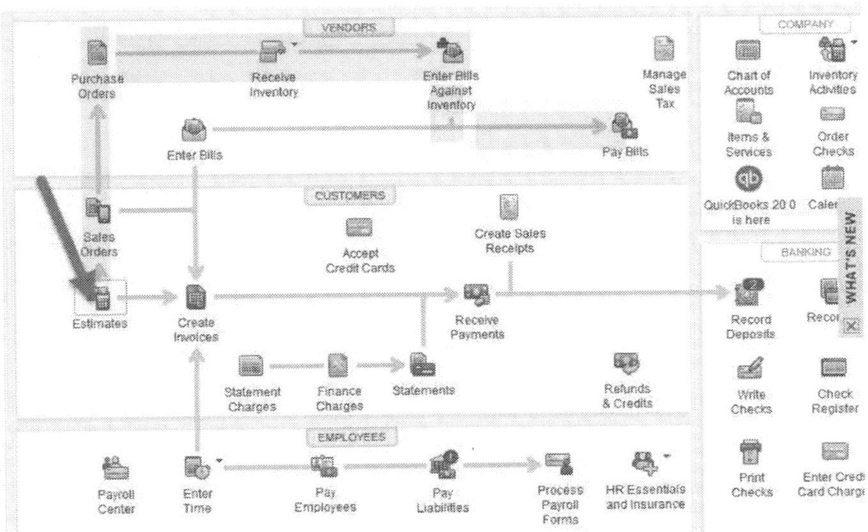

Estimate es una cuota que le vamos hacer a nuestro cliente Estimate cuando van a dar una cuota del trabajo o servicio que van a ofrecer
no todos los negocios que usan Estimate y nos iriamos directo al Invoice

Si tu negocio es de servicio y trabajas con cotizaciones (estimates) empesarias en esta parte de mandar una cotizacion al cliente.

Ya una vez aprovada se convierte en una Factura (invoice) por si tiene redacciones o cambios.

Ya que se mada esperamos que el cliente paga la factura (payment)

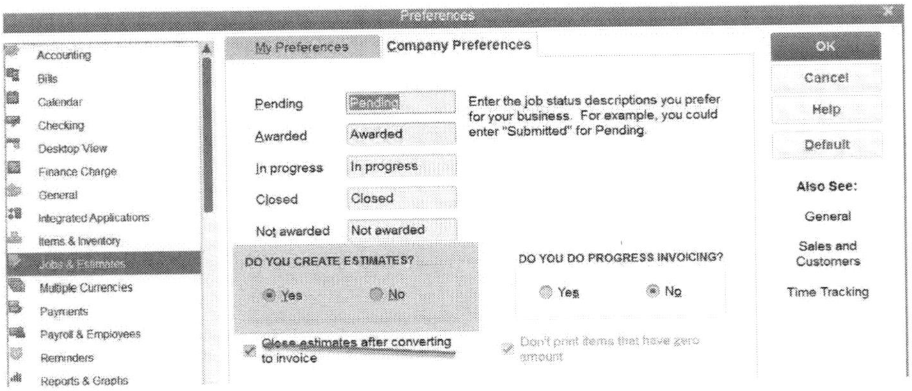

Si por cierta razon al empesar tu entrevista de negocio en quickbooks y no te da Estimates nos vamos a Edit>Preferences>Jobs and estimates y le decimos que vamos a mandar estimates se cerrara y abrira el programa para ajustarlo

Ventas y Cobros:
Creando Recibos de Ventas o "Sales Receipt"

Usted puede crear un recibo de venta cuando realiza una venta y recibe el pago al momento de la venta.

Para empezar debe ir a **Customers > Sales Receipt o en el "Home Page" encontrará el ícono "Create Sales Receipt".**

También se usa si hace muchas ventas de contado de clientes a los que no necesita hacerle seguimiento resumiéndolas en una sola entrada

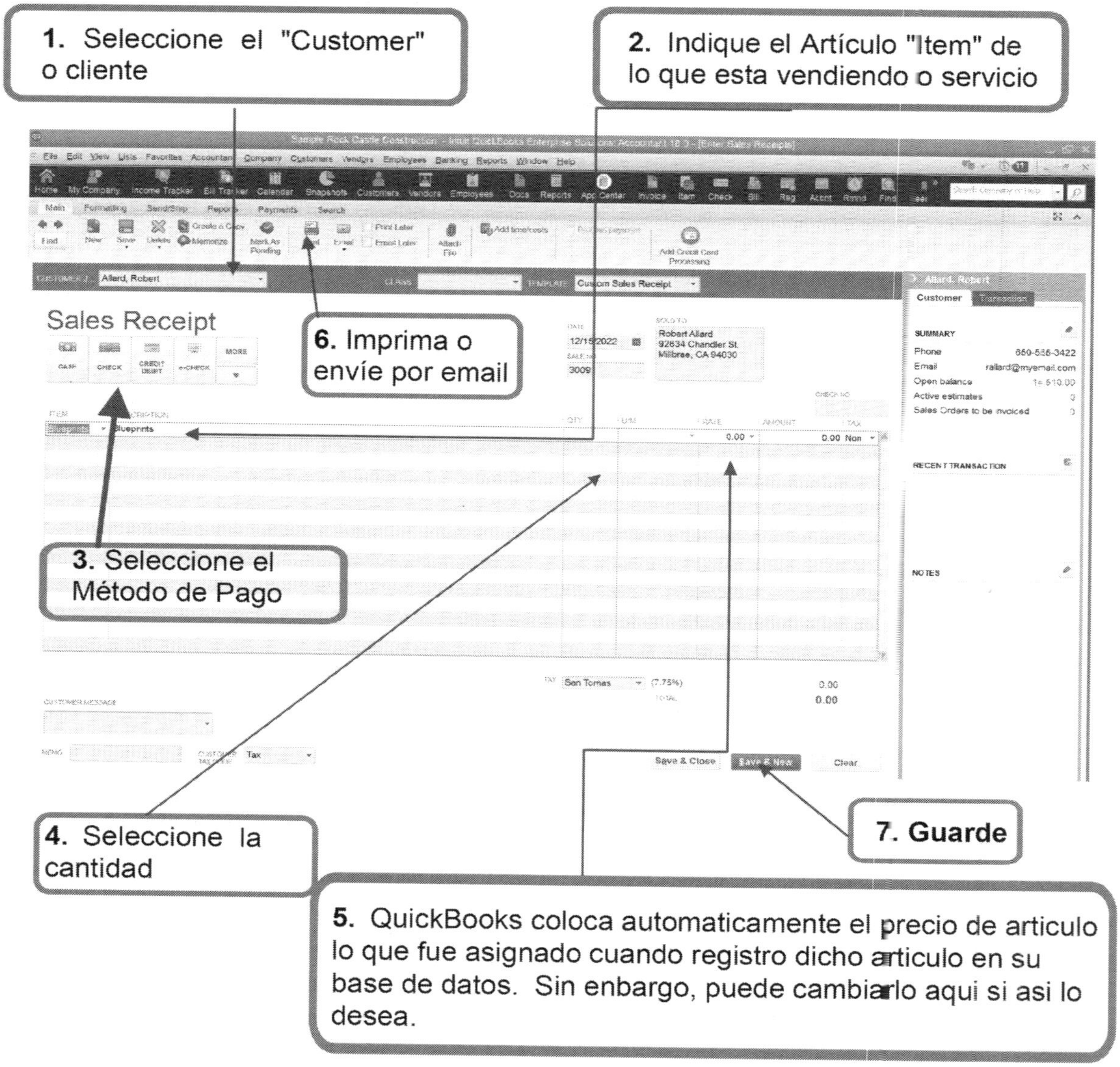

Usando Las Formularios

Todas las transacciones diarias que usted necesita realizar, están contenidas en el **QuickBooks®** y la manera que el programa las registra son las "Forms" o formularios entre ellas están: "Invoices" = Facturas por cobrar, "Bills" = Deudas por pagar, "Checks" = Cheques. En el "Home Page" usted puede encontrar estos formularios y desde allí al hacer click para realizarlas; o en los centros de acuerdo al tipo de transacción, podrá hacerlas, ejemplo en "Customers" puede registrar "Invoices" = Facturas. Todas las formas como tiene la misma función, que es la de efectuar el registro, contienen el mismo sistema para hacerlo:

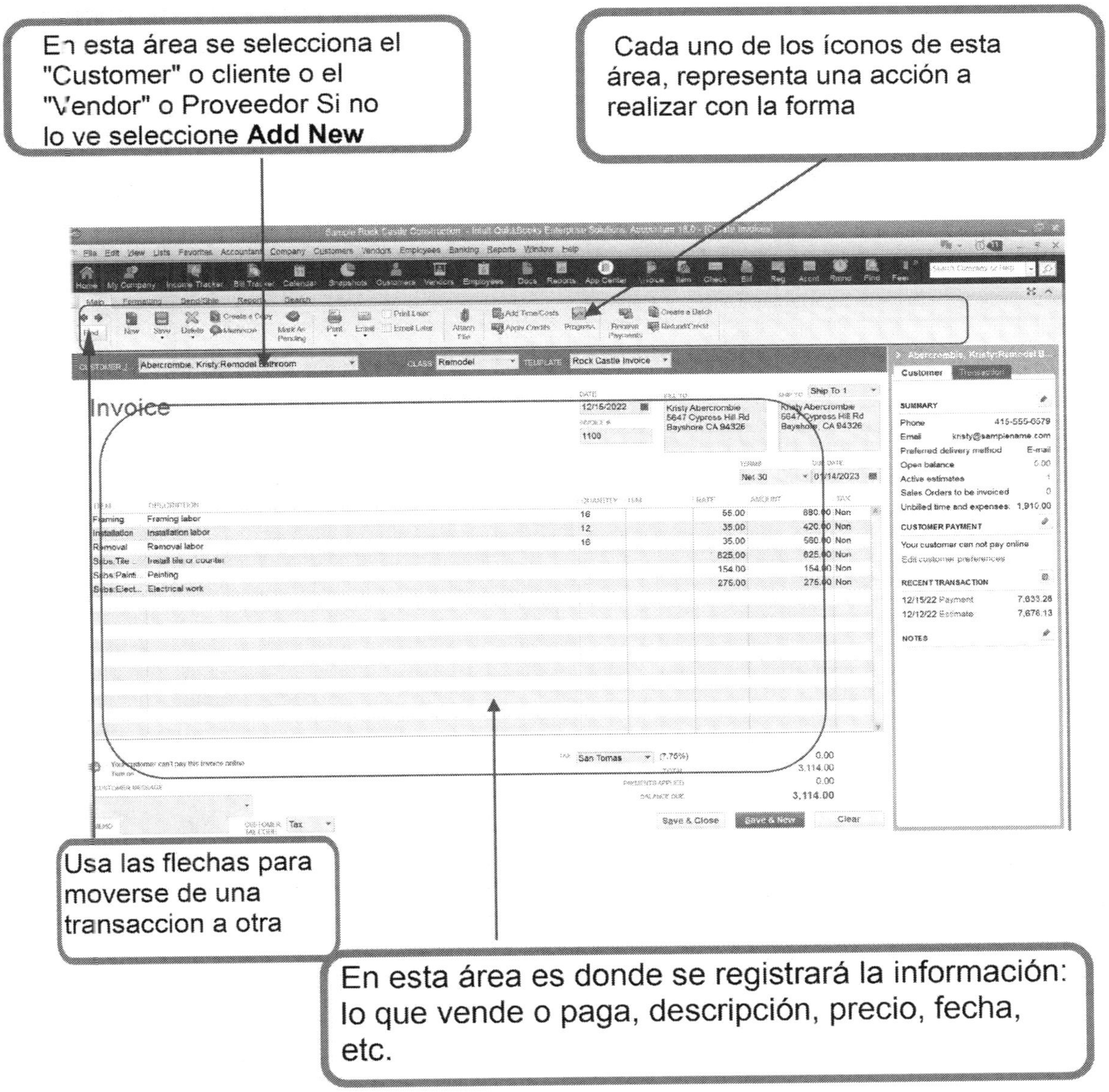

Creando Facturas (Invoices)

Si el cliente le paga una parte al inicio y otra al final, haga facturas para hacer el seguimiento de las cuentas por cobrar, de esta manera podrá tener el control de cuerdo la fecha de vencimiento de la transacción Vaya a: **Customers > Create Invoices o en Home haga click en el ícono de "Create Invoices"**

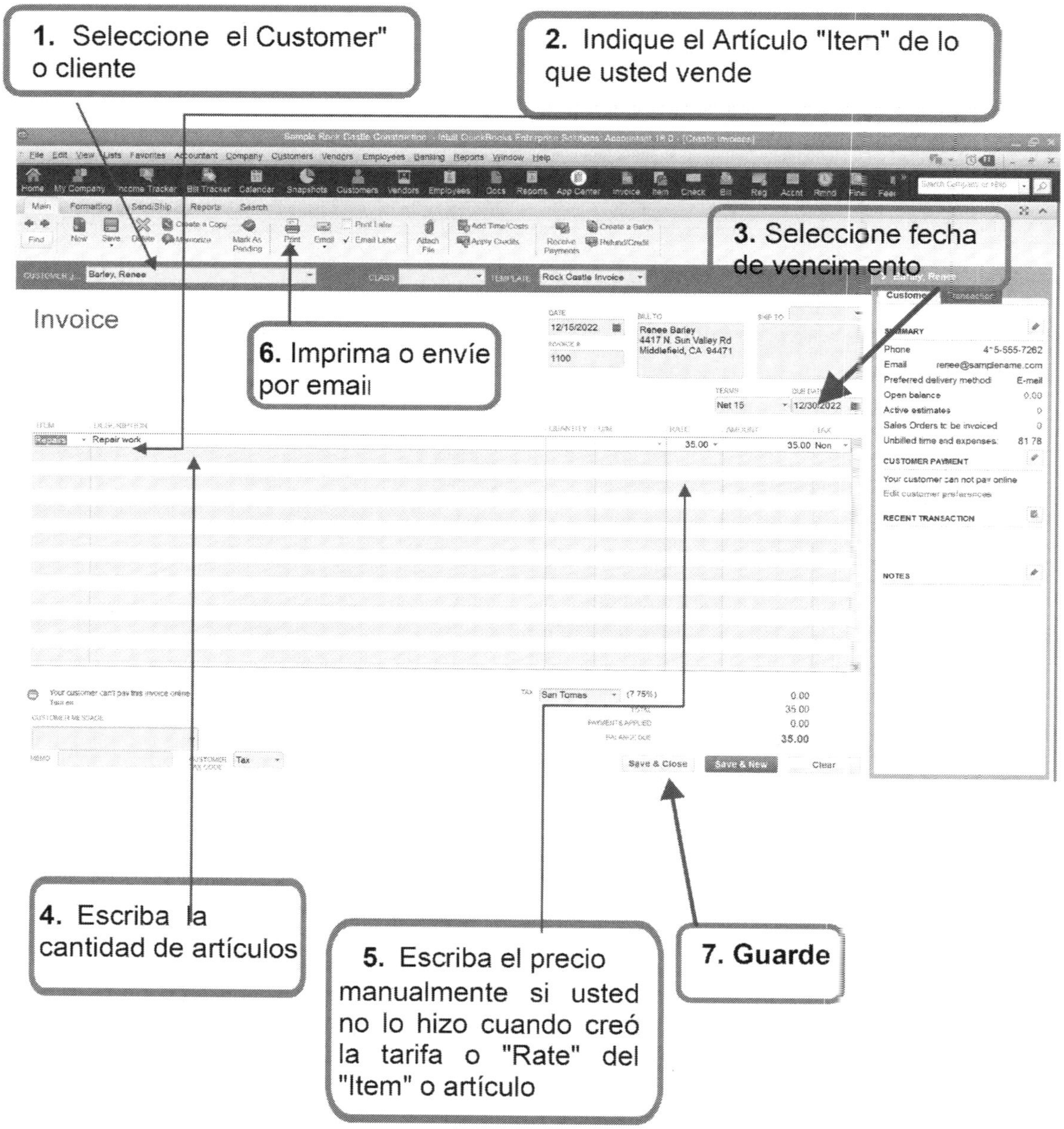

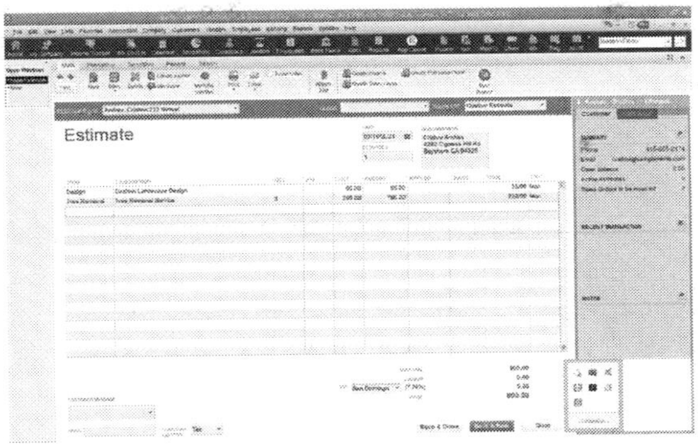

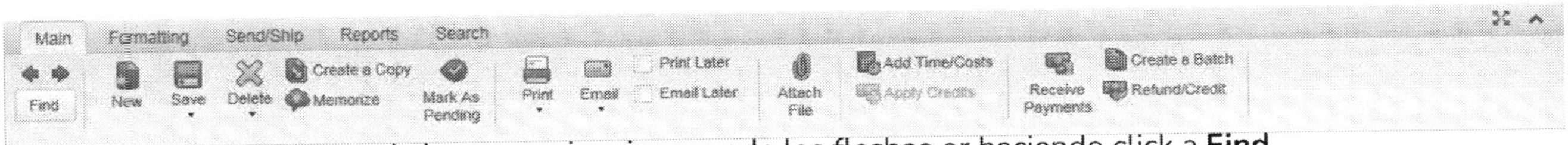

El Menu de Invoice se puede buscar un invoice usando las flechas or haciendo click a **Find** escojer uno Nuevo (**new**) despues de hacer **Save** el que estas trabajando usando el boton de Save Borrar e. invoice (**Delete**). **Crear una copia** similar a esta solo cambias el cliente. **Memorieze** hablaremos de esta en otra clase es transacciones repetitivas para clientes con invoice cada mes. **Mark as Pending** es cuando a un no quieres mandar el invoice o esperas para mas informacion lo guarda como draft. Imprimir (**Print**) Correo Electronico (**Email**) **Attach File** por si desear poner algo como foto oh un recivo en particular **Create Batch** por si tienes mas de tres clientes que van a compartir el invoice **Refund/Credit** Cuando le das un Refund de una parte del invoice

Creando un Invoice de un Estimate

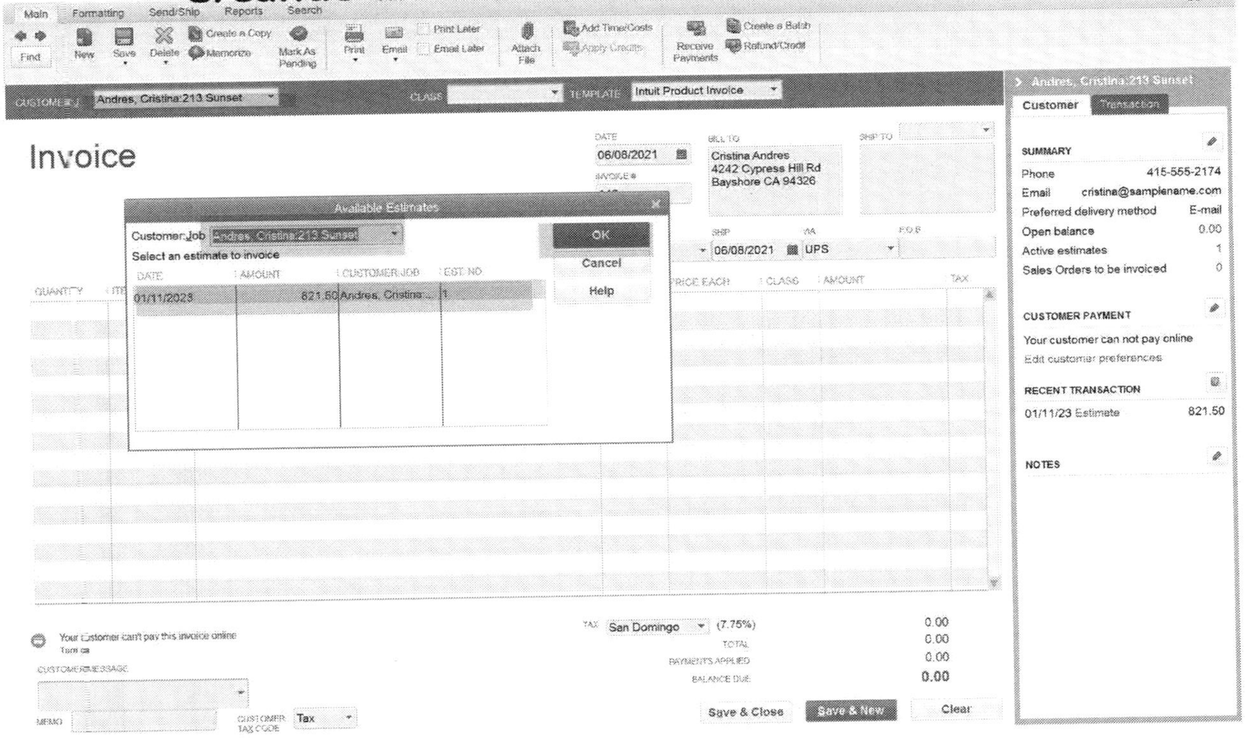

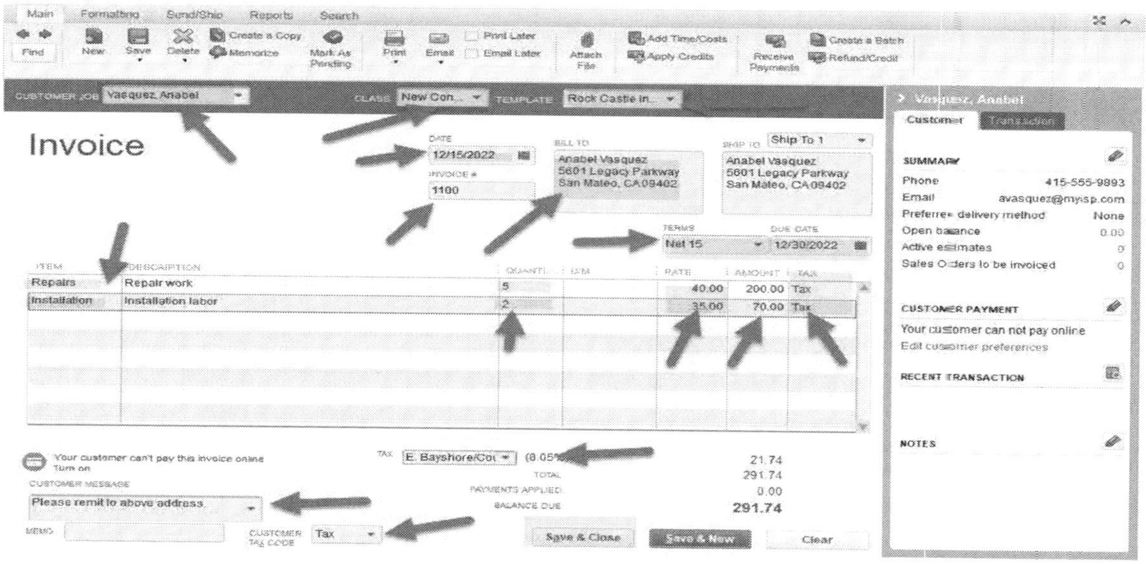

Todas estas partes son importantes para hacer el invoice se tienen que llenar al lado de la derecha te da un snapshot de tu cliente como si tiene balance como paga y mas informacion

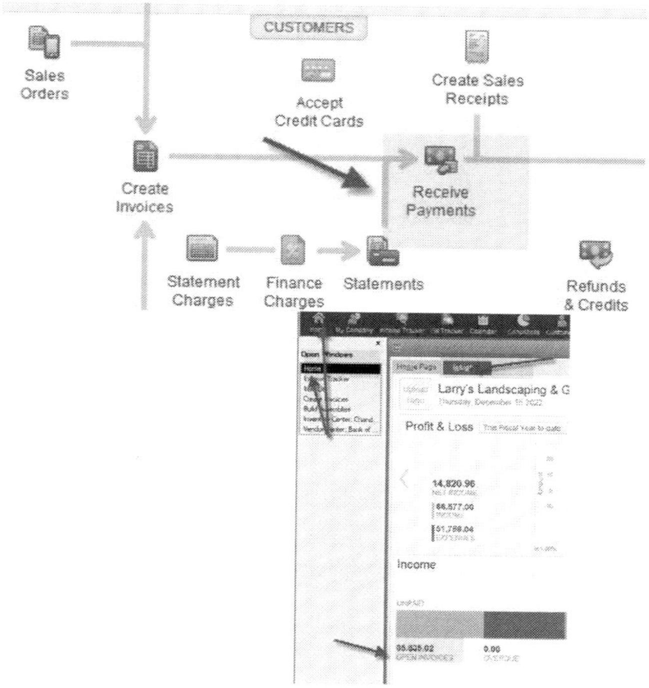

Receviendo Pagos

Cuando un cliente te paga, usa la forma pagos recibidos (Receive Payments) para aplicar a la factura correcta. No necesitas hacer esto si ajendaste un recivo de venta solo si te hacen un pago por separado.

Para empesar ir aqui: Customer>Receive Paymens

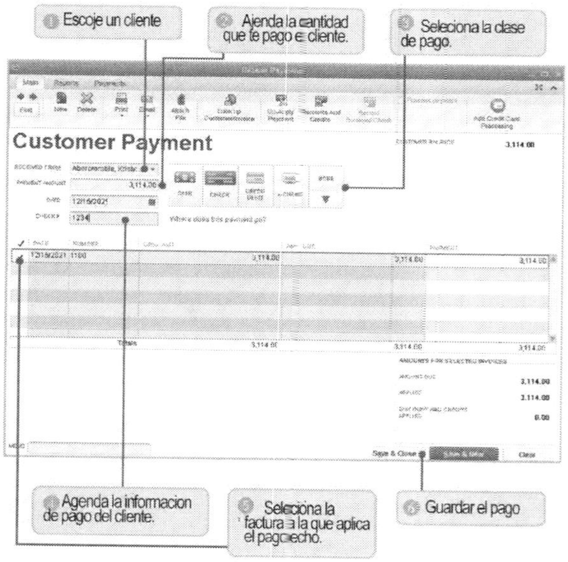

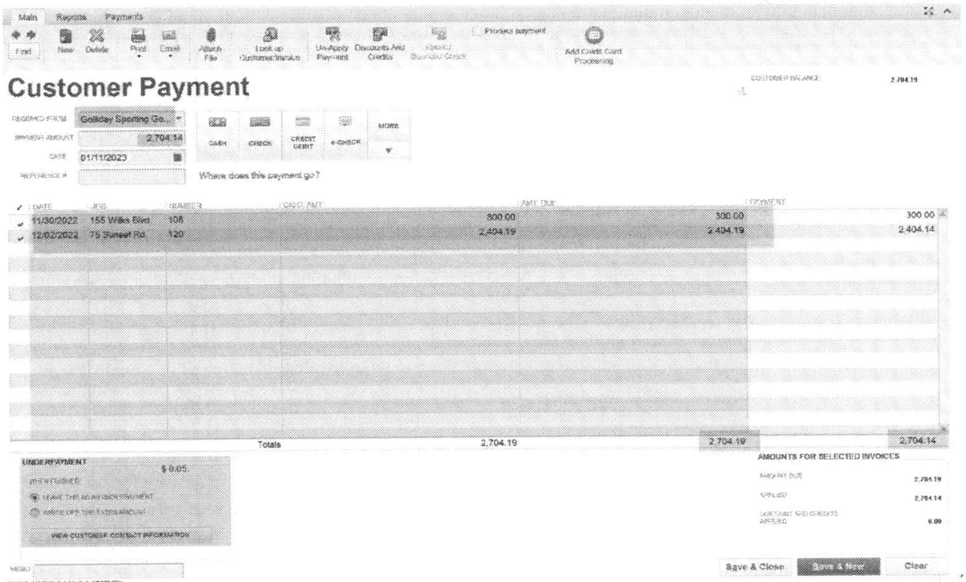

Cada pago que se haga se depositara en undeposited funds el siguiente paso es cuando se hagan depositos necesitamos hacer esos deposito tambien el la plantilla de home debajo de Deposits si no este dinero se queda sin depositar a pesar que ya se pago muy importante recordar que este lleva dos pasos

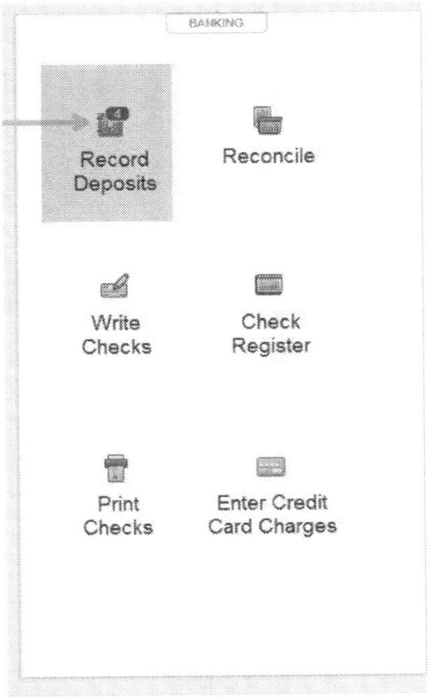

Hacer Depositos

Despues que ajends un recibo de venta o recives un pago para una factura (invoice). Tienes que decirle a QuickBooks donde depositar el dinero. El deposito en record o ajendado en QuickBooks deve de corresponder al actual deposito que haces en el banco. Puede incluir varios pagos o recibos del dia.

Para empesar aqui: Banking>Make Deposits

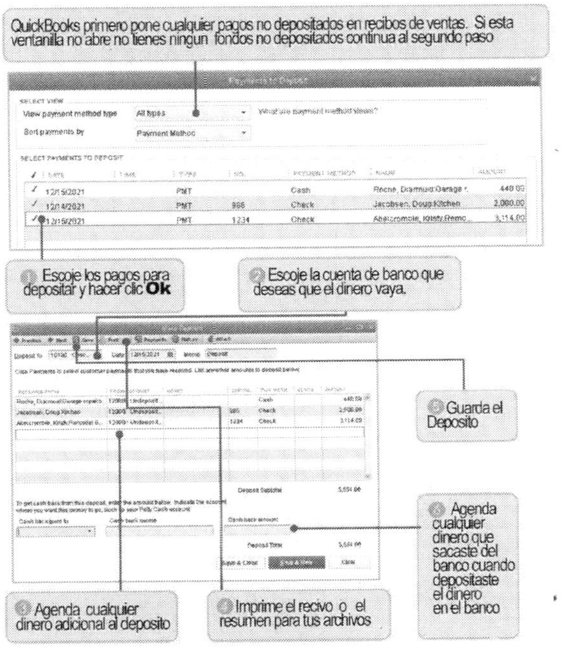

Hacer Depósitos (Make Deposit)

Una vez recibido el pago, usted necesita registrar en el **QuickBooks®** el depósito en la cuenta de banco que corresponda, para hacerlo debe utilizar **"Make Deposit"**

Para empezar vaya a: Banking > Make Deposit o en Home haga click en el ícono "Record Deposit"

Cuando usted selecciona la opción de registrar el depósito, si usted tiene varios pagos recibidos, **QuickBooks™** automaticamente se le abrira esta ventana y le hace un listado de todos los pagos por depositar, si está haciendo un depósito directo **QuickBooks™** abre en la ventana del paso 2

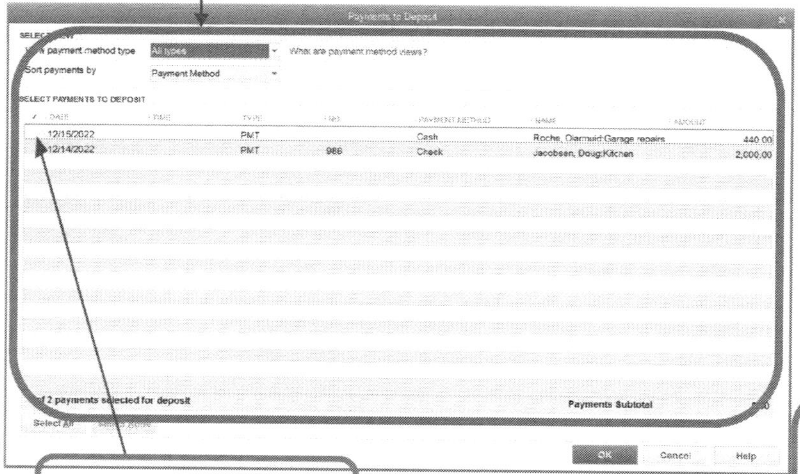

1. Seleccione el pago a depositar y click **OK**

2 . Seleccione la cuenta de banco en donde se depositará

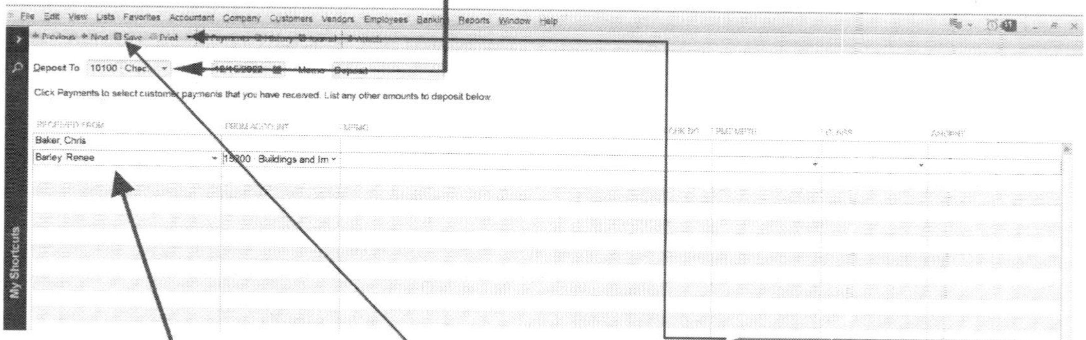

3. Registre cualquier depósito adicional

4. Guarde la transacción

5. Para su control interno se recomienda imprimir el depósito

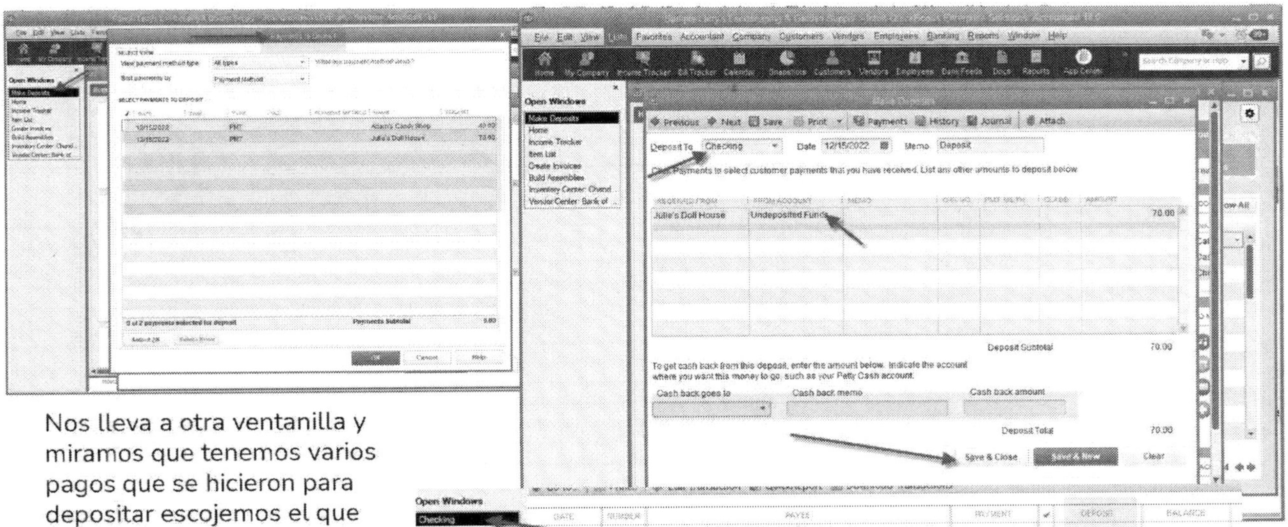

Nos lleva a otra ventanilla y miramos que tenemos varios pagos que se hicieron para depositar escojemos el que vamos a de positar al banco y escojemos que cuenta comop checking miramos en el registro se pondra como DEP deposito

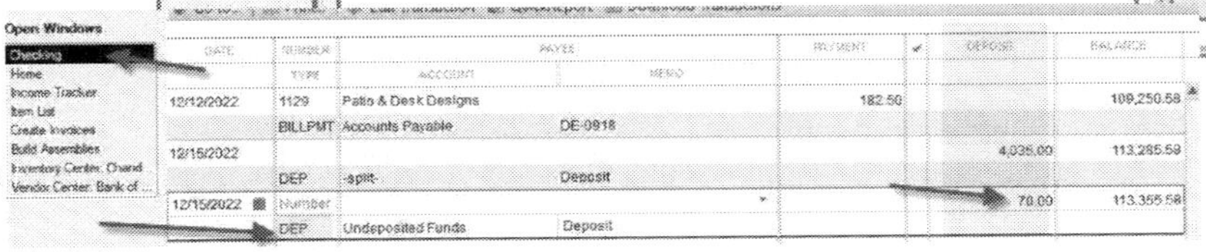

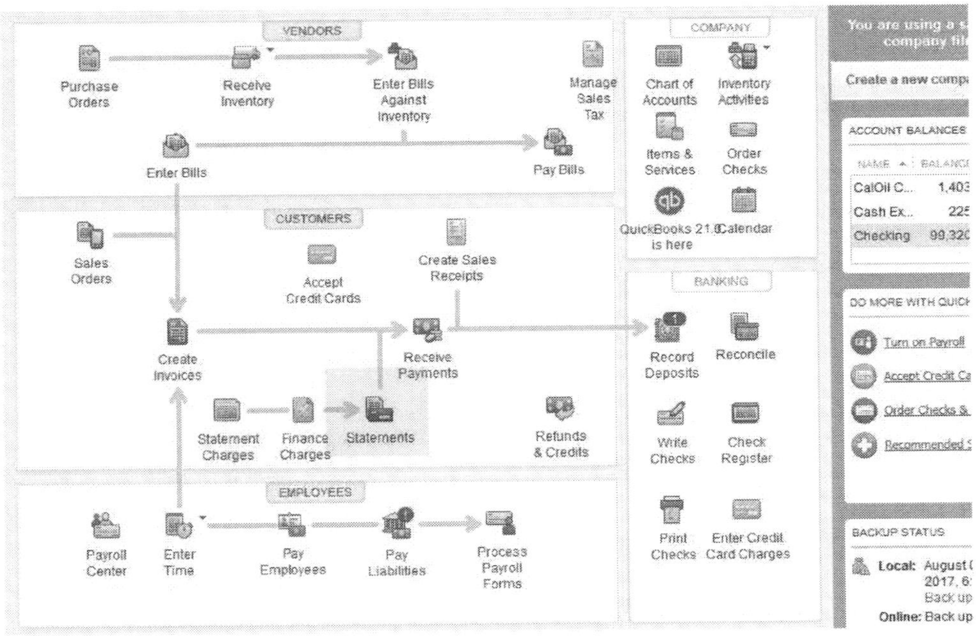

Si por cierta razon el cliente te pides una factura de todos sus movientos nos vamos a staments y escojemos las fechas para poder imprimir el reporte

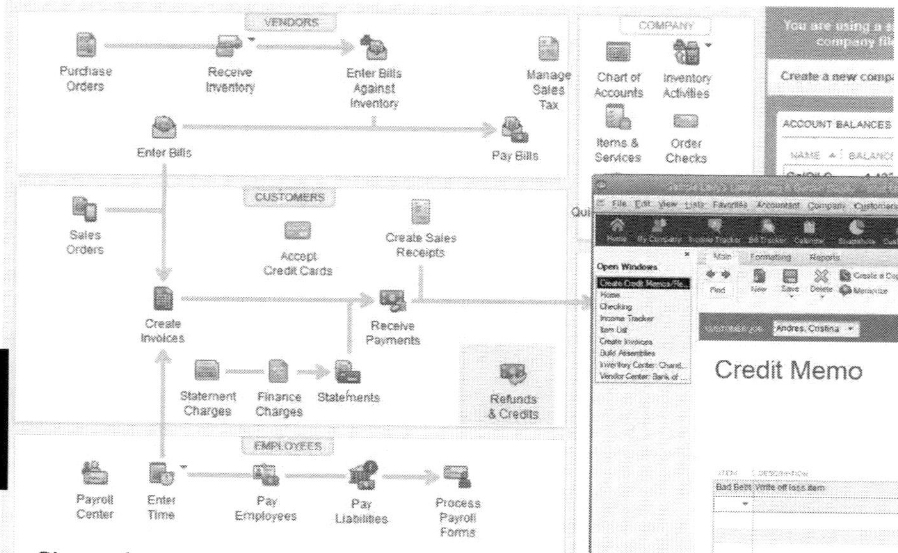

Si por cierta rason tenemos que devolver dinero o dar credito a nuestra cuento como ejemplo credito de un proverdor que nos dio tenemos que hacerlo en esta manera

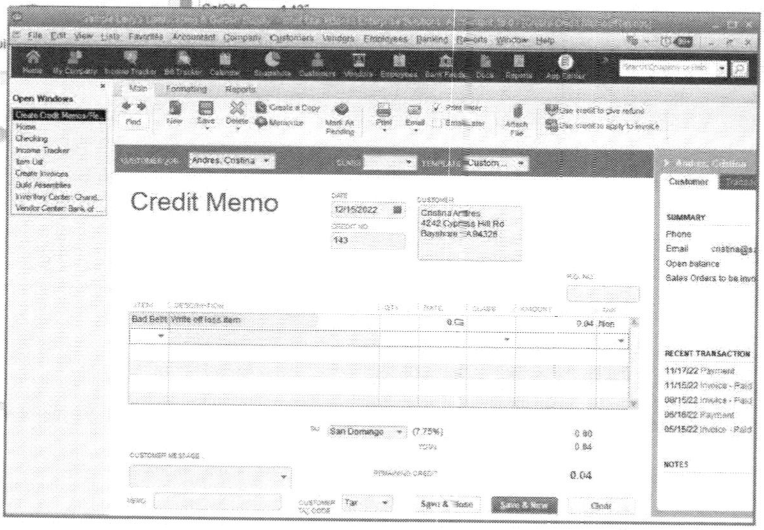

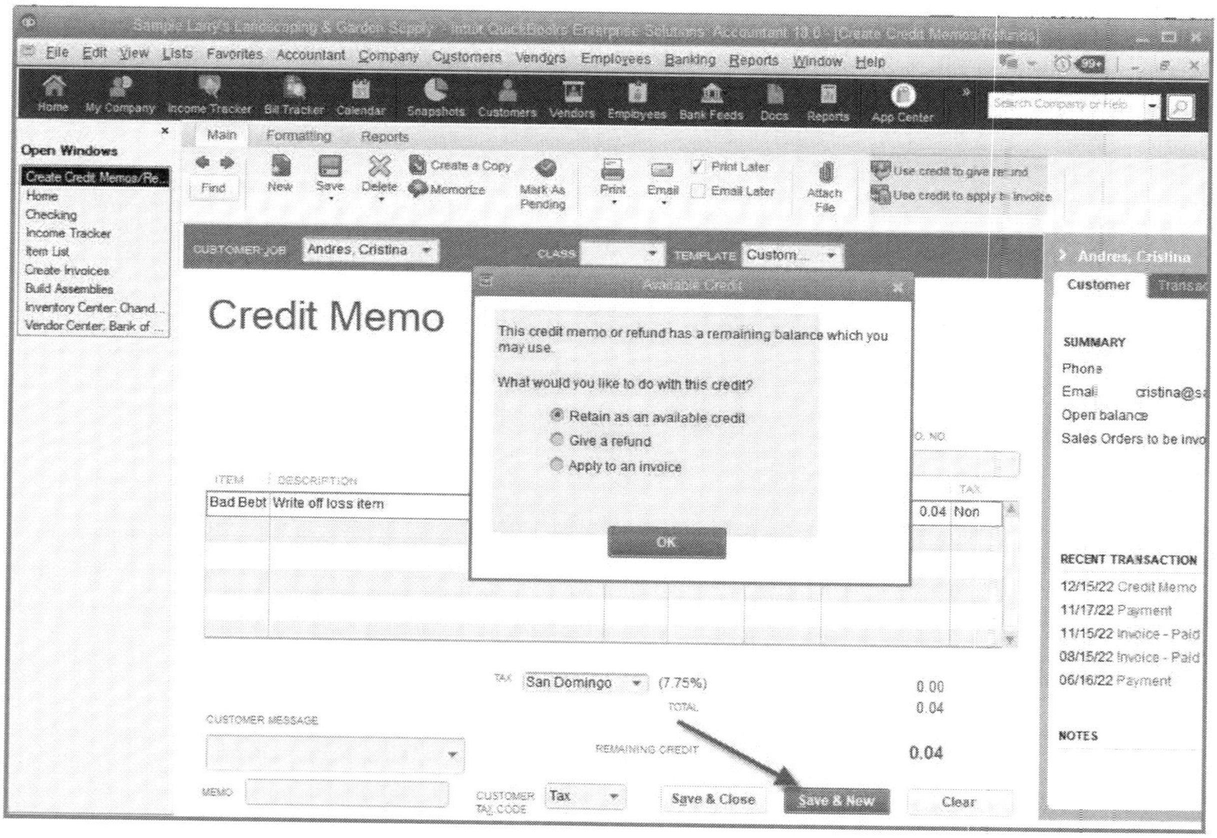

Registro y Pago de Deudas

Para mantener el control de cuanto, a quien usted le debe, y el pago correspondiente, **QuickBooks®** utiliza dos pasos

- Registro de la deuda en **Vendors > Enter Bills**
- Pago de la deuda usando **Vendors > Pay Bills**

Hacer Pagos

En **QuickBooks®,** usted hace el registro de las compras y el pago de las mismas, utilizando las ventanas de: "Write Checks"= Escribir Cheques,
"Enter Bills"= Registrar Cuentas por Pagar, o "Credit Card Charges" = Cargos en las Tarjetas de Créditos.

Si usted usa su tarjeta de crédito o cash para comprar algo, utilice la ventana de "Write Checks" para registrar la transacción.

Para mantener el record y control de lo que usted debe, utilice "Enter Bills" = Registrar la Factura del Proveedor. Cuando vaya a pagar utilice la ventana de "Pay Bills" = Pagar (nunca utilice en este caso la ventana de hacer cheques).

Pague a otros:

En QuickBooks, se realiza un seguimiento de las compras usando las ventanas de **Write Checks** (escriba cheques), **Enter Bills** (ingreso de facturas de proveedores) **o Enter credit card charges** (ingrese cargos a la tarjeta de crédito).

- Si utiliza una tarjeta de débito o efectivo para comprar algo, utilice la ventana de “Write checks” para registrar la compra.
- Para hacer seguimiento de cuánto debe, utilice Enter Bills. Cuando esté listo para pagar una factura a un proveedor, utilice la ventana de “Pay Bills” **no** la de “Write Checks”

Escriba cheques

Utilice la ventana de “Write Checks” si usted escribe a mano o imprime un cheque. No use la ventana de “Write Checks” para pagar facturas a proveedores que ya haya ingresado o crear cheques de pago.

Para empezar, vaya a: **Banking > Write Checks**

Si compraste el producto sin ordenarlo nos vamos directo a Enter bills para registralc en los cobros que tenemos que pagar

Ingresa Factura (Bill)

Para mirar cuanto debes usa la ventanilla de Enter Bills. Ingresar y pagar facturas es un paso doble :

Ingresa el bill usando: Vendors>Enter Bills

Paga el bill usando: Vendors>Pay Bills

Empiesa ingresando la factura

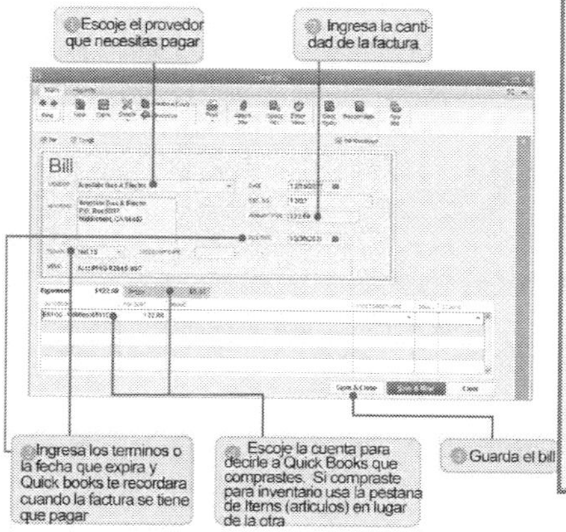

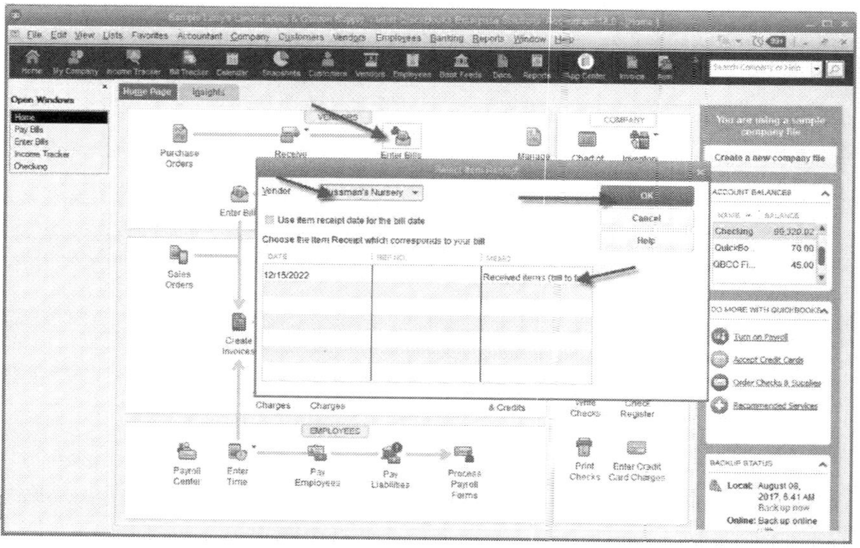

Ordenes de compra facturas y pagar cuentas
Purchace orders, Bills, Pay Bills

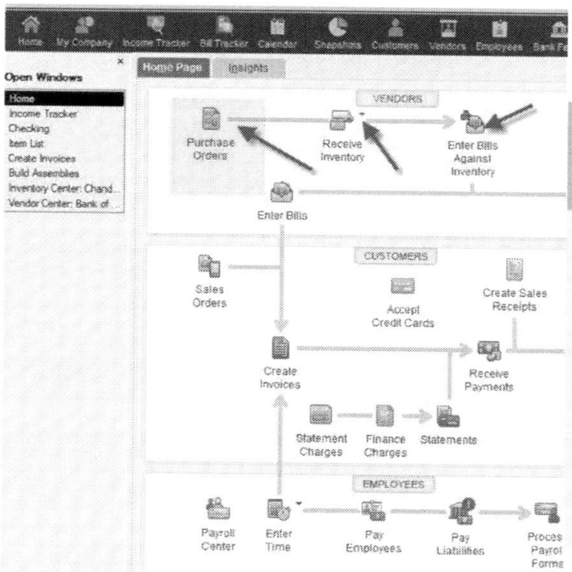

Purchase Orders

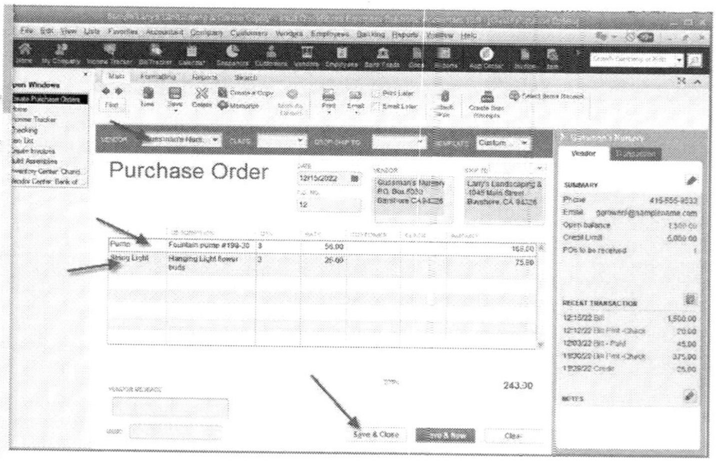

Ordenamos lo que necesitamos despues de un invoice c lo requirido

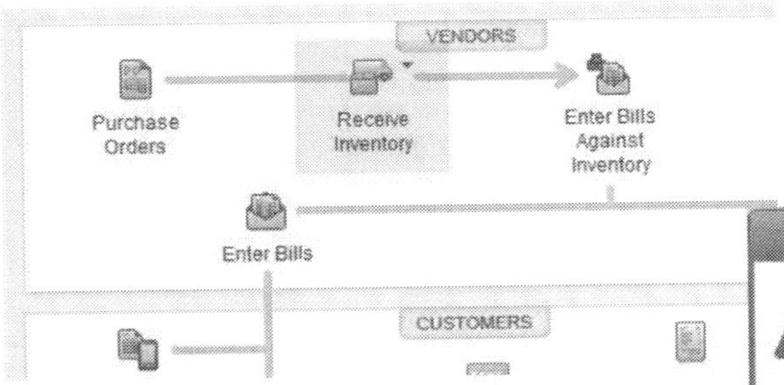

Ya recivido el producto hacemos una factura para pagar te da la opcion de recivir inventario con factura o sin factura. Esta factura puede ser que ya la pagamos al momento de ordenar pero aqui ya reciviendo la factura ingresamos el bill o pago que devemos hacer

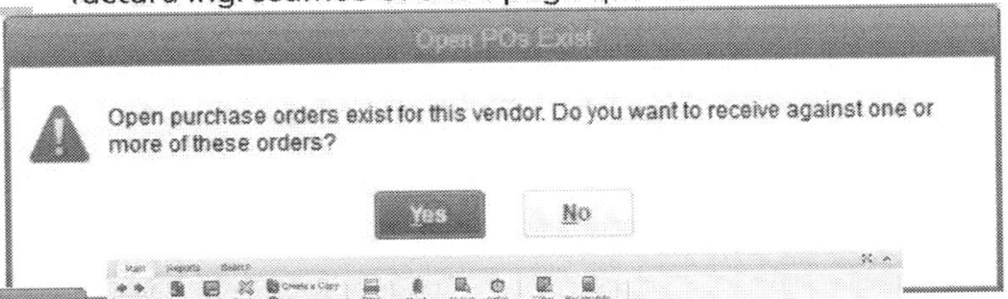

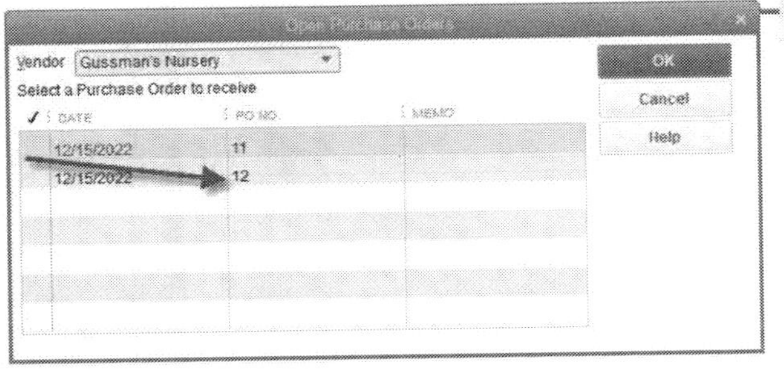

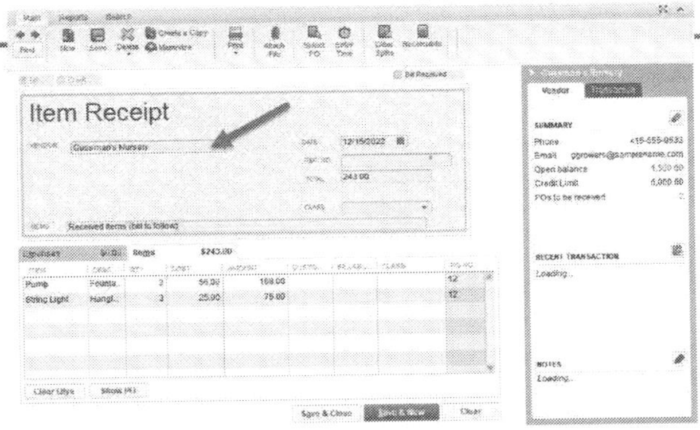

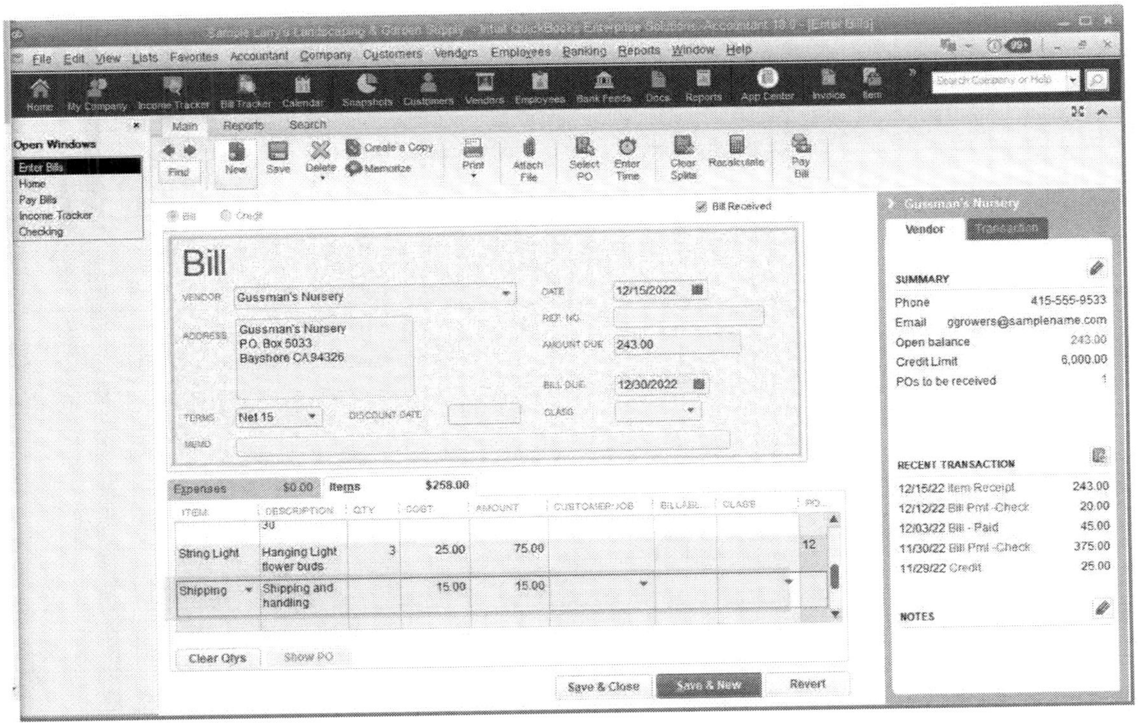

Registro de la Deuda (Enter Bill)

Para hacerle seguimiento a dus deudas, utilice la ventana de "Enter Bill" = Registro de Cuentas para ingresar y pagar una factura usando Vendor>Enter Bills .

1. Selecciones el Proveedor que tiene que pagar

3. Registre fecha y **QuickBooks™** calculará la fecha de vencimiento. Se puede corregir manualmente tambien

2. Registre el monto de la deuda

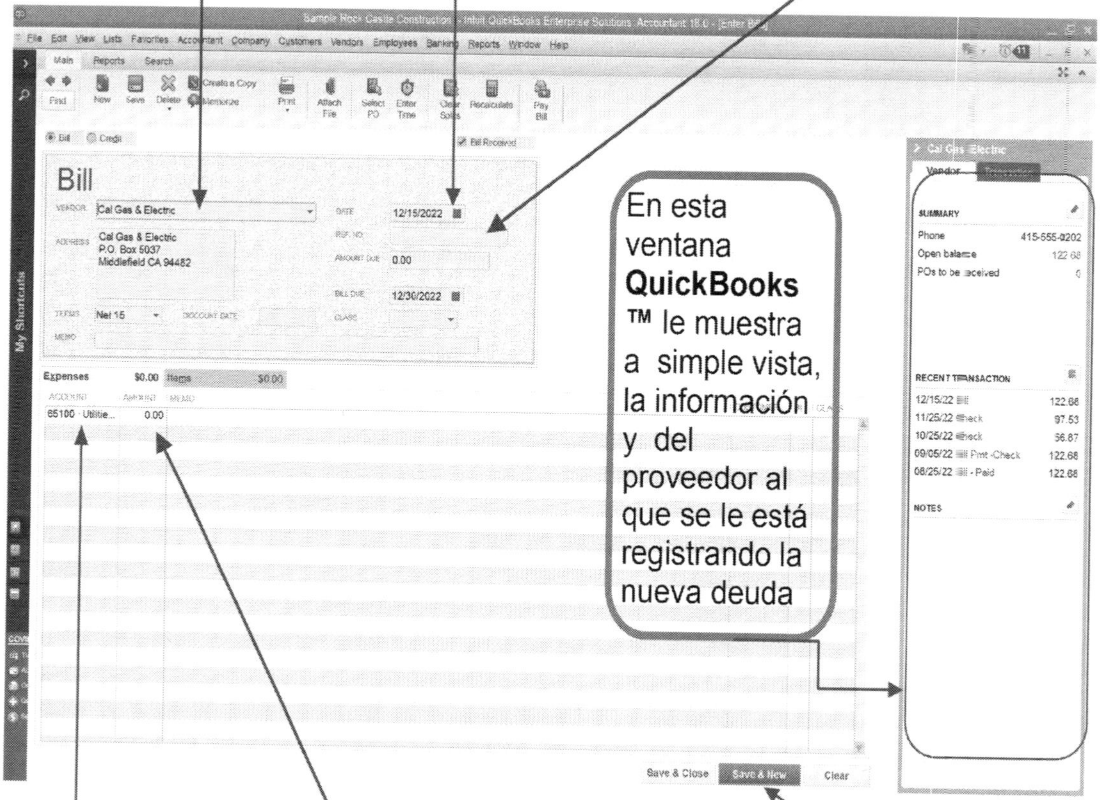

En esta ventana **QuickBooks ™** le muestra a simple vista, la información y del proveedor al que se le está registrando la nueva deuda

4. registro del gasto, se puede hacer en un todo o si se a de distribuir en diferentes cuentas

5. Cantidad o monto que va a registrarse en la cuenta correspondiente

6. Guarde la deuda

Pagr Deudas

Cuando estes listo para pagar deaudas usa la ventanilla de Pay Bills

Para empesar aeui: Vendor>Pay Bills

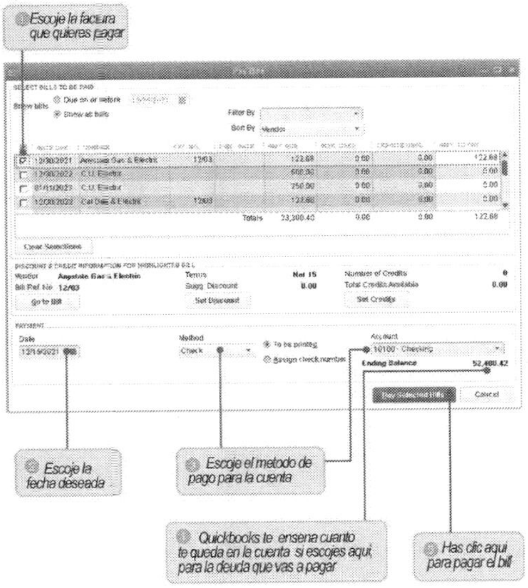

Pagar Bills

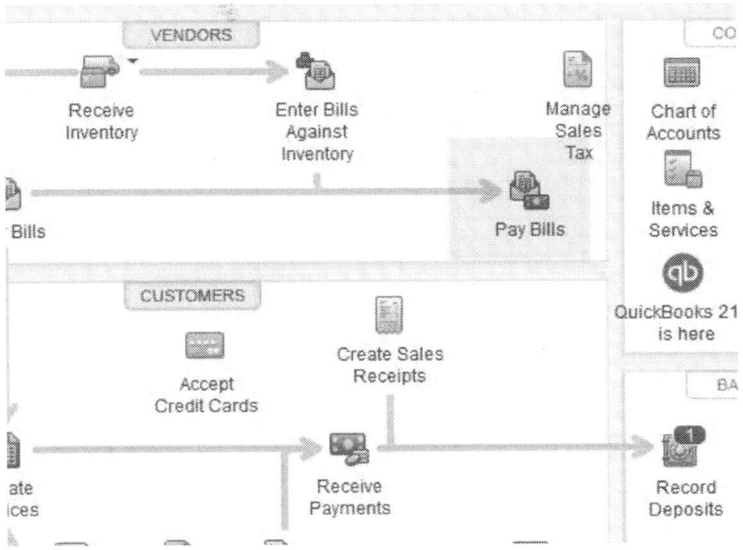

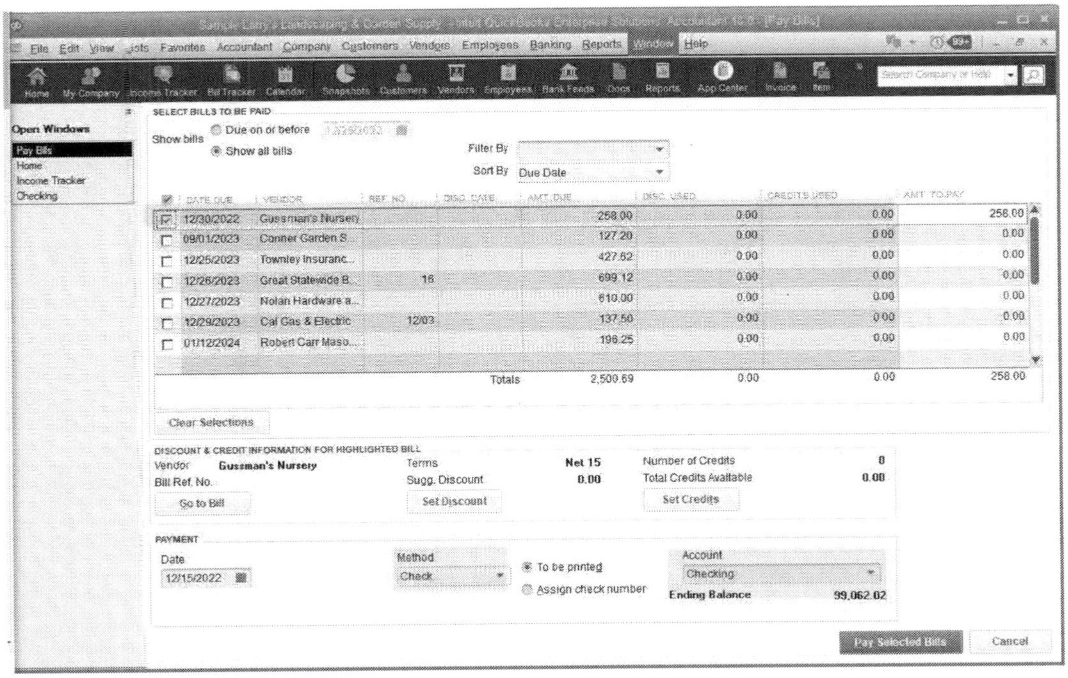

Aqui escojemos los que deseamos pagar ya se uno o todos y que forma de pago si es cheque y la cuenta de donde saldra el dinero si es tarjeta de credito igual de que cuenta saldra el dinero y lo cambiamos escojiendo la pestaña

Pago de las Deudas (Pay Bills)

Cuando este listo para pagar una factura o a un provedor utilice la ventana "Pay Bills" , esta forma le permite establecer el pago y hacer el cheque correspondiente

Vaya a: **Vendors > Pay Bills.**

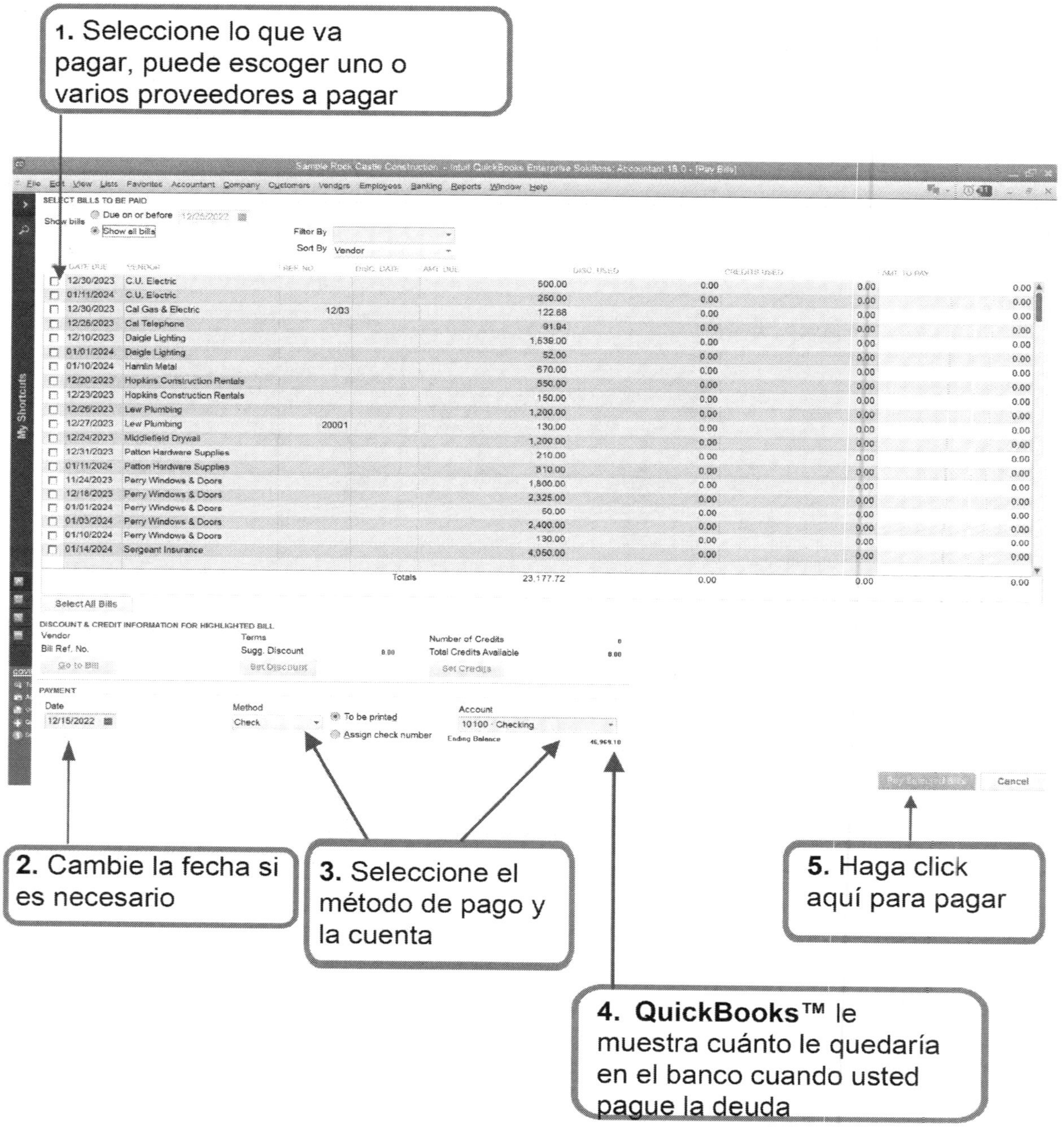

4. Bancos

A. Emision de cheques (Write Checks).
B. Registro de Gastos e Ingressos (expense & Income) a traves del banco (Check Register).
C. Diferencia entre escribir cheques a proveedores (write cheques) y el uso de la opcion de pago de facturas (Pay Bills)
D. Introduccion a la reconciliacion bancaria (Reconcile)
E. Introduccion y analisis a los informes financieros (Reports).
F. Analisis del Estado de ganancias y perdidas (profit & loss)/balance general (Balance Sheet).
G. Informes de Cuentas por cobrar y cuentas por pagar.
H. Como exportar a o en formato de Excel y PDF.
I. Creacion de informes comparativos (Mes a mes, año tras año, entre otros).
J. Creacion de informes mas usados (Cuentas por cobrar, cuantas por pagar, inventario, ventas por cliente, facturas abiertas, etc...)
K. Uso del analisis intantaneo de la empresa (Company snapshop)

Emitir Cheques (Write Checks)

Utilice la ventana de "Write Checks" = Escribir Cheques si necesita emitir un cheque o imprimirlo, o si lo ha hecho manual, registrelo en el sistema. Recuerde no utilizar esta opción para pagar una cuenta por pagar, en ese caso utilice "Create Paychecks" = Crear Cheques de Pago.

*Si utilisa una tarjeta de debito o evectivo para comprar algo, utilice la ventana de Write Checks para registrar la compra

* Para hacer seguimiento de Cuanto se debem, utilice Enter Bills, Cuando este listo para pagar na factura a un proveedor, utilice la ventana de Pay Bills no l la de Write Checks

Utilice la ventana de Write Checks si usted escribe a mnano o imprime un cheque. No use la ventana de Write Checks para pagar facturas a provedores que haya ingresado o crear cheques de pago

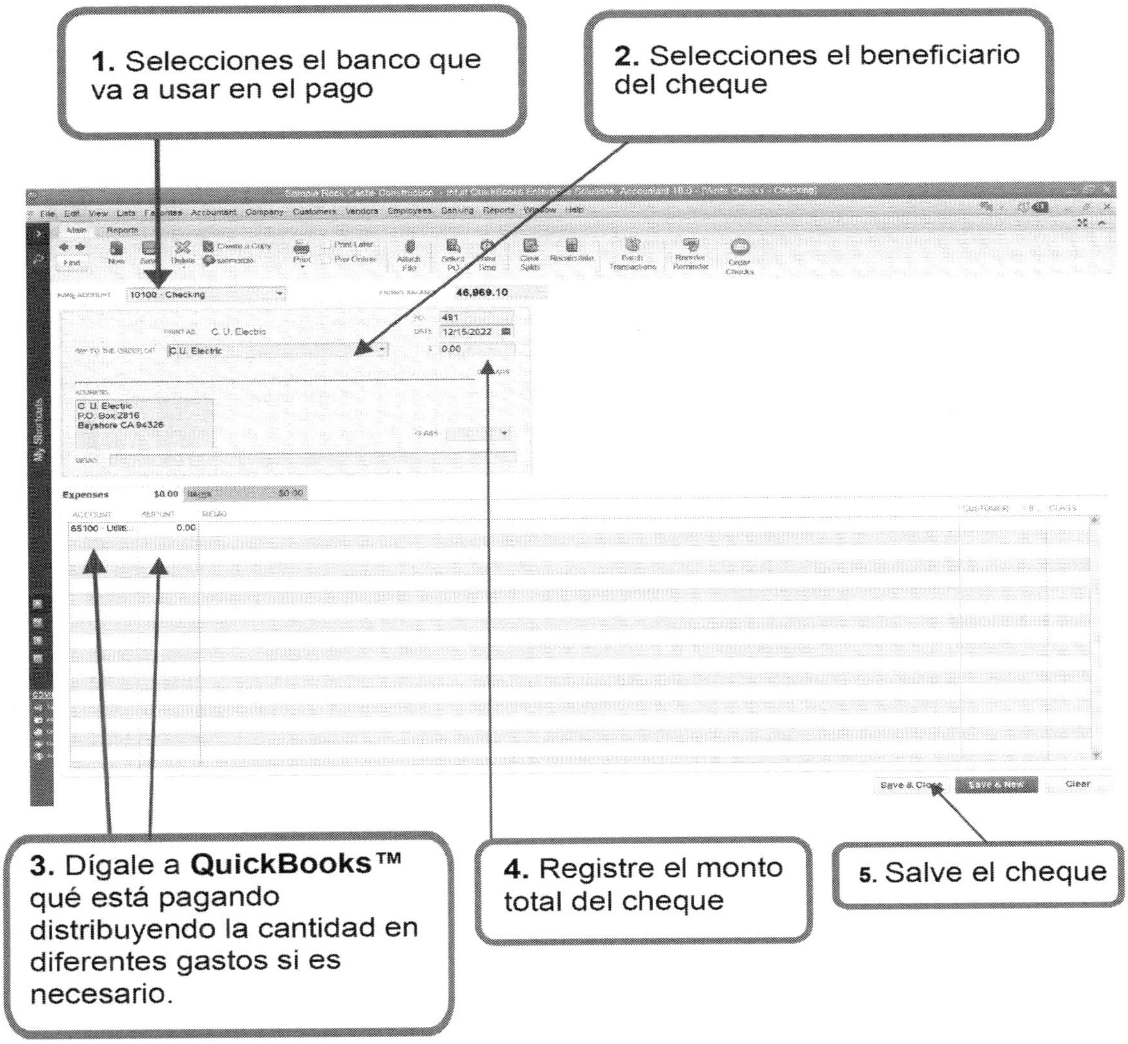

Chart of Accounts Cuentas

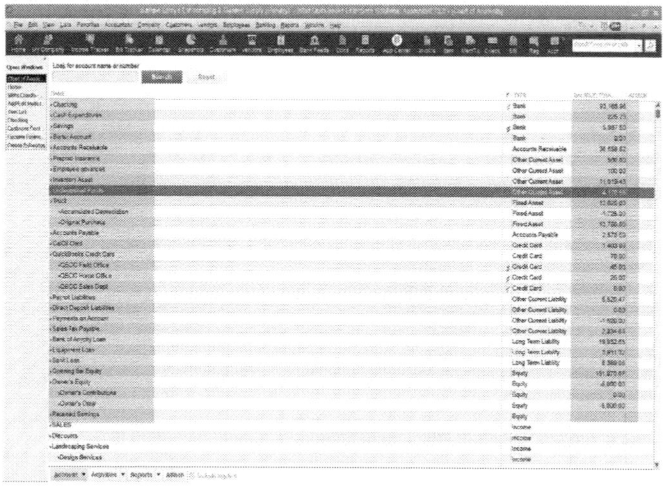

Si nos vamos a chart of accounts miramos nuestras cuentas que estan activas y mas.

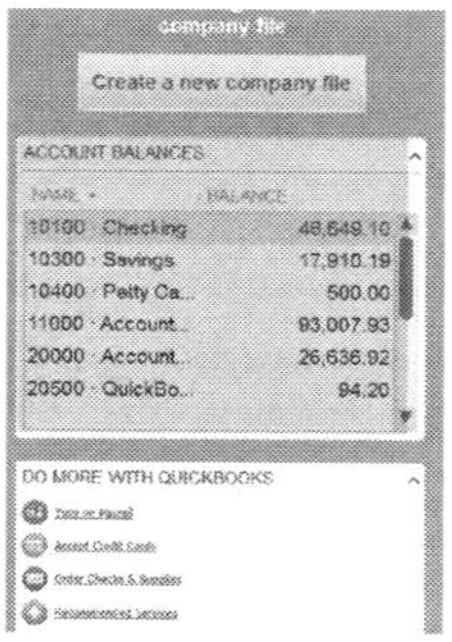

Tambien salen nuestras cuentas de banco y balances a la derecha de la portada en la vista de HOME

Check Register

DATE	NUMBER / TYPE	ACCOUNT
12/11/2022	497	Washuta & Son Painting
	BILLPMT	20000 · Accounts Payable
12/12/2022		
	DEP	-split-
12/12/2022	498	Fay, Maureen Lynn, CPA
	BILLPMT	20000 · Accounts Payable
12/12/2022	499	East Bayshore Auto Mall
	BILLPMT	20000 · Accounts Payable
12/12/2022	500	Express Delivery Service
	BILLPMT	20000 · Accounts Payable
12/14/2022		
	DEP	-split-
12/15/2022		Abercrombie, Kristy:Remodel Bathroom
	PMT	11000 · Accounts Receivable
12/15/2022		Natiello, Ernesto:Kitchen
	PMT	11000 · Accounts Receivable
12/15/2022	150	Bayshore Water
	BILLPMT	20000 · Accounts Payable
12/15/2022	492	Bayshore Water
	CHK	65100 · Utilities
12/15/2022	501	Wheeler's Tile Etc.
	BILLPMT	20000 · Accounts Payable
12/15/2022	502	Daigle Lighting
	BILLPMT	20000 · Accounts Payable
12/15/2022	503	Patton Hardware Supplies
	BILLPMT	20000 · Accounts Payable
12/15/2022	504	Perry Windows & Doors
	BILLPMT	20000 · Accounts Payable
12/15/2022	505	Lew Plumbing
	BILLPMT	20000 · Accounts Payable

Si tenemos una cuenta de Checking que usamos para nuestro negocio nos vamos a Check register Miramos toda la informacion en el menu de arriba si deseamos mirarlo sin tanta informacion no vamos abajo en check mark 1 line

Diferencia de Enter bills>Pay Bills   Write Checks es muy diferente

Al usar Enter bills miramos que no hay lugar donde poner de donde vamos a pagar el bill un bill no es un pago es poner una deuda que en el futuro se tiene que pagar cual seria clasificada como accounts payable

Haci que un Enter Bill es una deuda que registramos para pagar el futuro no al momento. Ejemplo compro algo para inventario pero el provedor me va mandar el bill para el proximo mes.

Lo que hace Enter bill es registra la deuda que tubimos ese mes aunque el pago se haga dentro de uno a dos meses

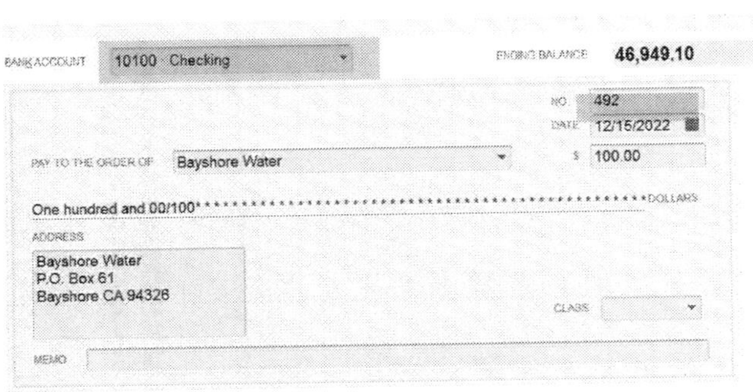

Ponemos un ejemplo pagamos el agua haciendo un cheque de un bill que recibimos y tenemos que pagar ese mes y hicimos un pago de 100 dolares

Pero si digamos registramos un bill de la compania de agua como enter bill y ponemos 200 dolares

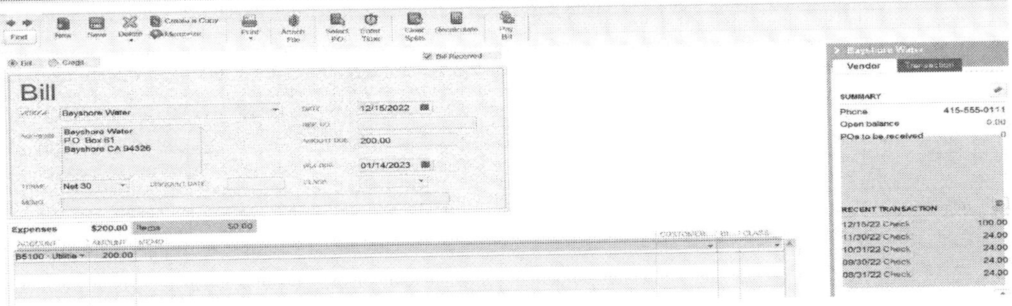

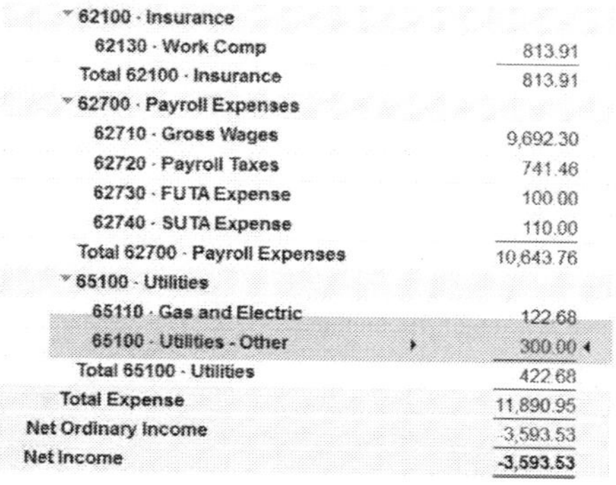

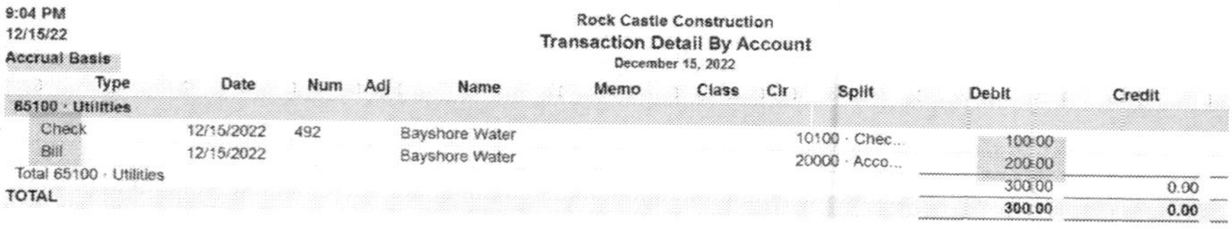

Miramos en el reposte de profit and loss del dia que sale los dos pagos uno de cheque y otro de bill pero el reporte es en base de accrual

Si cambiamos el reporte en customize report de Accural basis a Cash Basis nos muestra que verdaderamente solo pagamos los 100 dolares ese mes

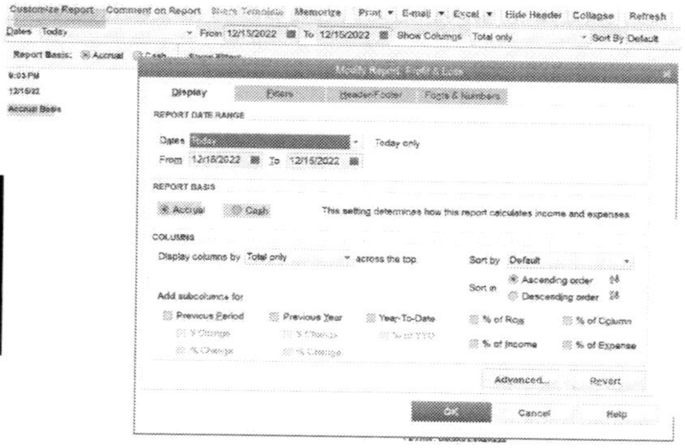

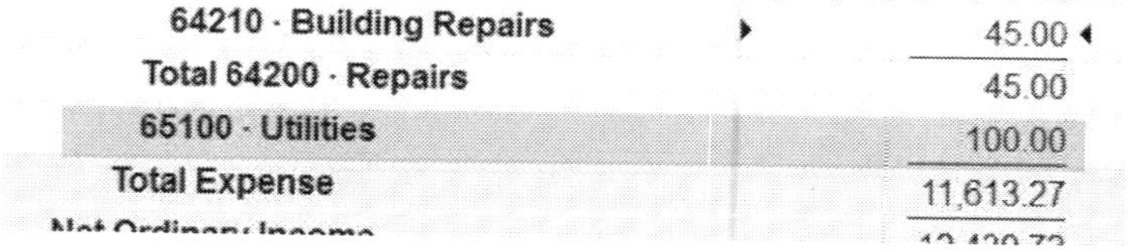

Pero si decideds que si quieres registrar Enter bill para tus movientos tiene que ser Enter bill>Pay Bill y no pagar con write checks para ese bill

Digamos que queremos pagar el bill que registramos de 200 dolares

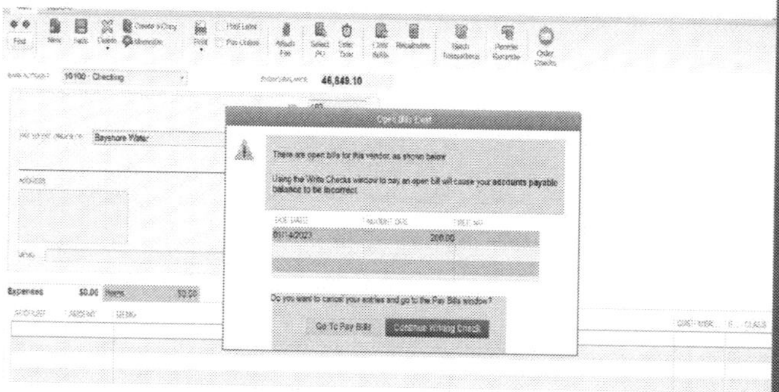

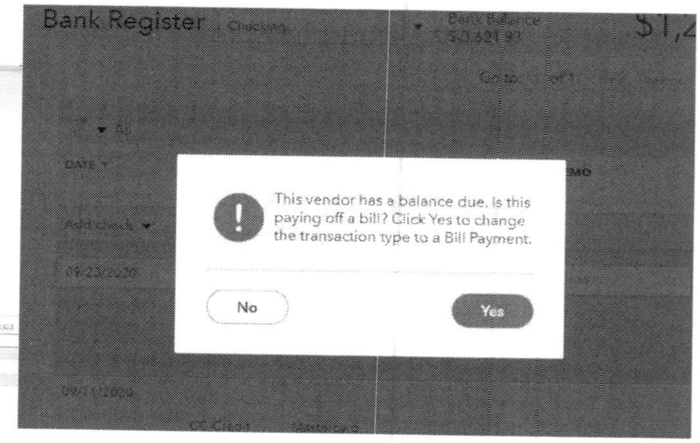

Te va dar un aviso que tienes un bill ya registrado y necesitas ir a pay bills para pagarlo si lo pagas en write checks lo que pasara es que este bill se quedara abierto y seguiras deviendo los 200 dolares

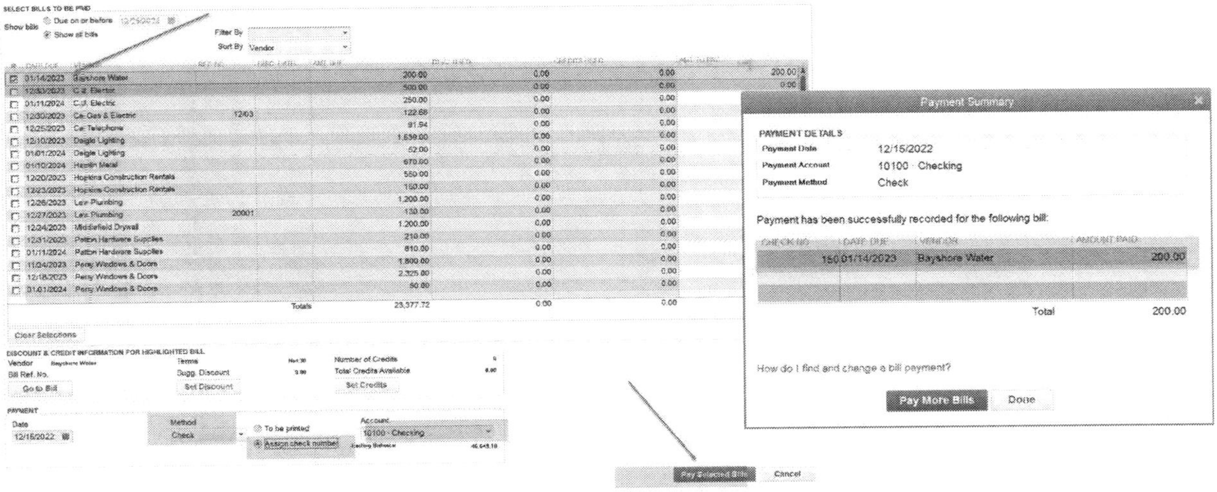

Repasando puede pagar un bill como si fuera cheque registrando Enter bills>Pay Bills pero no Enter Bills>Write Checks

Write checks es para cuando tienes un gasto o expense al momento que se paga en ese momento
Registrando una transacion de debit, o un cargo de tarjeta de credito, pagos en linea o pagando de petty cash
Pagando Despues es registrar un bil y pagar el bill no escribir cheques

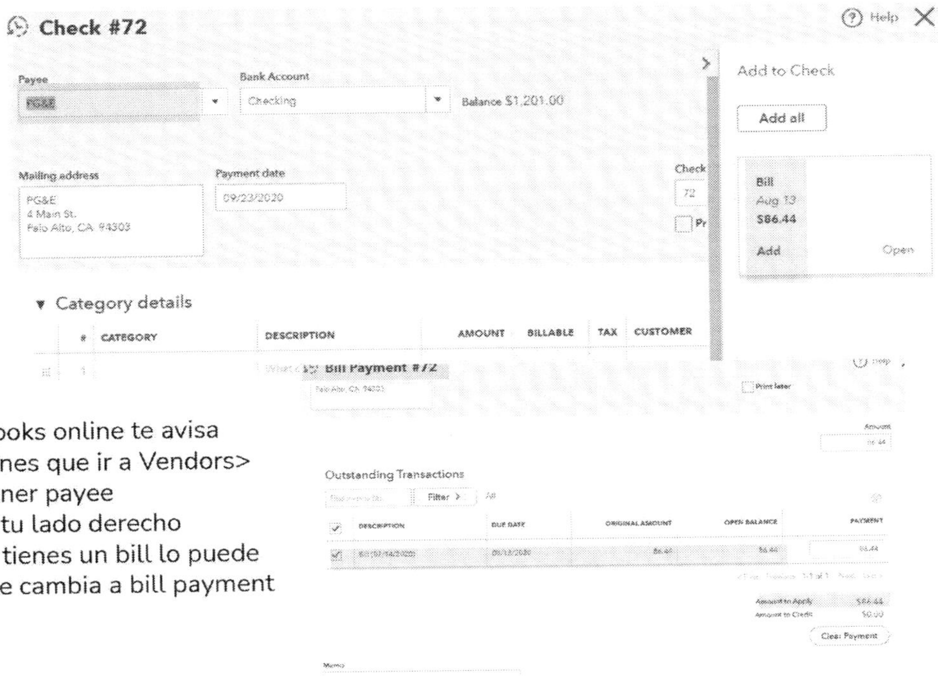

En quickbooks online te avisa
Pero te tienes que ir a Vendors>
Checks poner payee
Si miras a tu lado derecho
Te dice ya tienes un bill lo puede
Añadir y se cambia a bill payment

Transfer Funds

Al hacer transferencias de una cuenta de banco a banco como de savings, tarjeta de credito o de otra cuenta de banco a una cuenta de cuenta que necesita tienes que ir a a Banking>Transfer Funds

No usar el check register para depositos

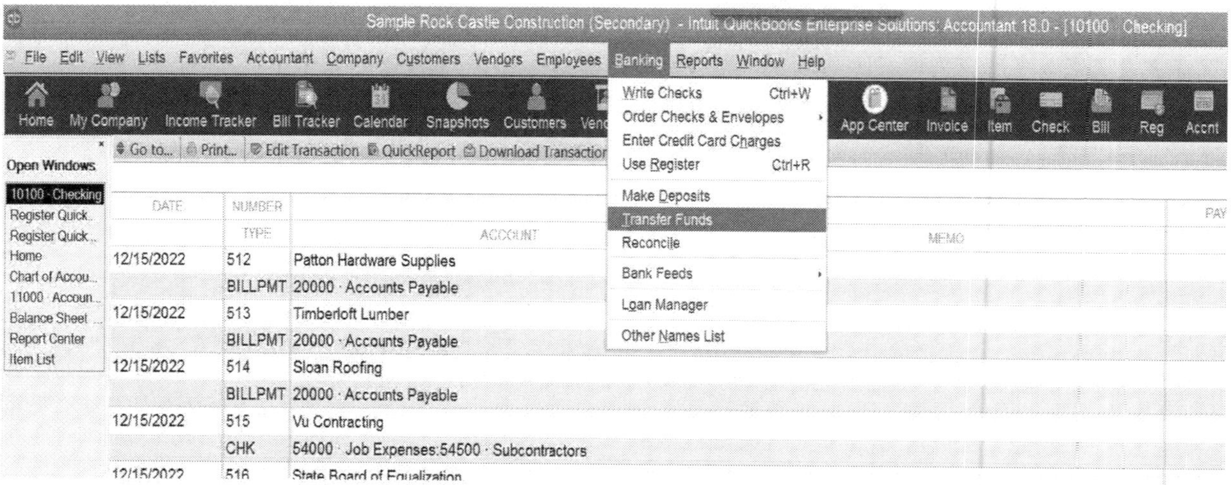

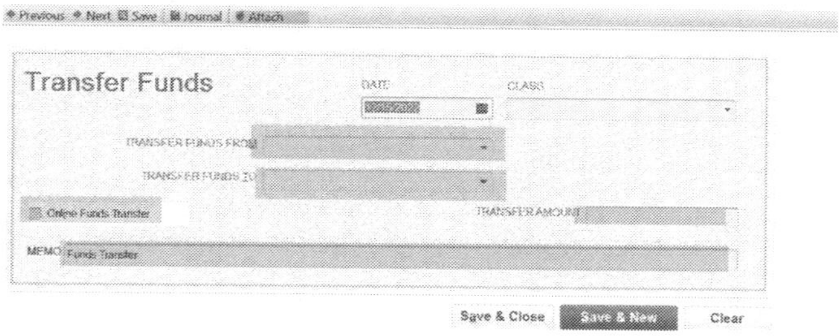

Si le pones no o no tienes tu cuenta en linea con quickbooks solo quitar la checkmark te dara una advertensia le damos un OK

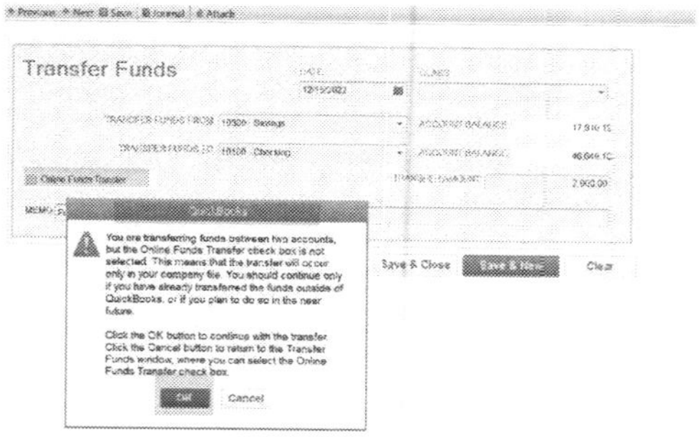

Llenas la informacion de que cuanta de transferencias si necesitas usas el attach (adjuntar) para poner informacion de la razon de la transferencia si estas conectado a online con tu banco usar online funds transfer

Si vamos a la check register sale la transferencia

Cuentas en Quickbooks

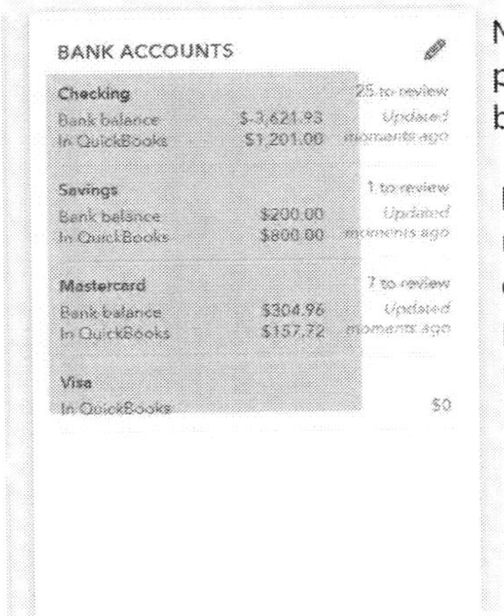

Muchas veces no queremos conectar nuestro banco en linea con el programa y se puede poner y reconciliar manualmente para estar en balance

En quickbooks online te vas a banking y nos da nuestra cuentas que usamos para el negocio a pesar que quickbooks se conecta a tu cuenta de banco no esperes que este en balance por la razon que puede ser que uno cheques y depositos a pesar que los registrates no se han llevado o cambiado en la cuenta de banco
En el savings es mas balanceado por que casi no se usa
Mientras las tarjetas de credito tambien igual tarde en procesar los pagos o transacciones echas

Reconcile

Cada mes tenemos que reconcilar nuestras cuentas de bancos apesar que llevemos bien nuestras entradas y salidas de dinero que registramos cada dia tenemos que repasar nuestros Staments de banco con lo que tenemos registrado en Quickbooks

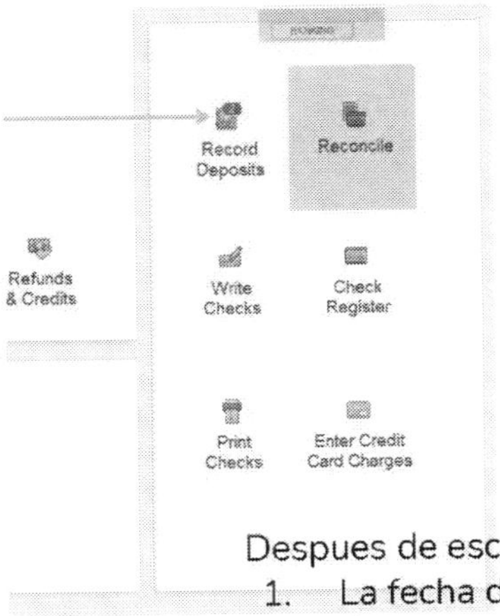

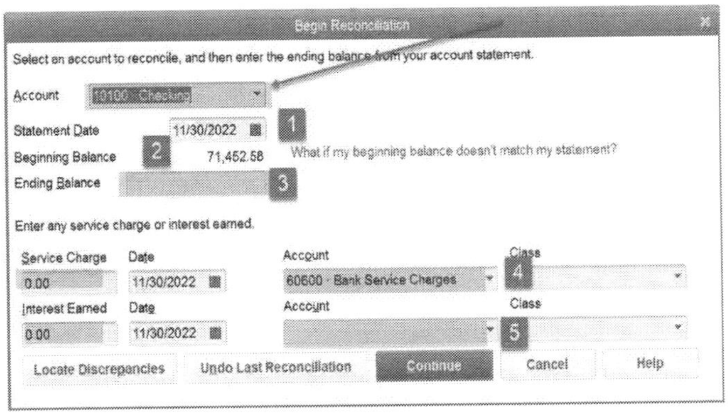

Despues de escojer la cuenta que vamos a reconciliar tenemos unos pasos a seguir

1. La fecha de el Statement del Banco
2. Este balance es el de el mes pasado
3. El balance que tiene el statement nuevo del banco
4. Si el banco te cobra mensualidad pones aqui la cantaida y la cuenta Banck service charge
5. Si el banco te paga interes en el dinero que tienes y la cuenta seria interest Income

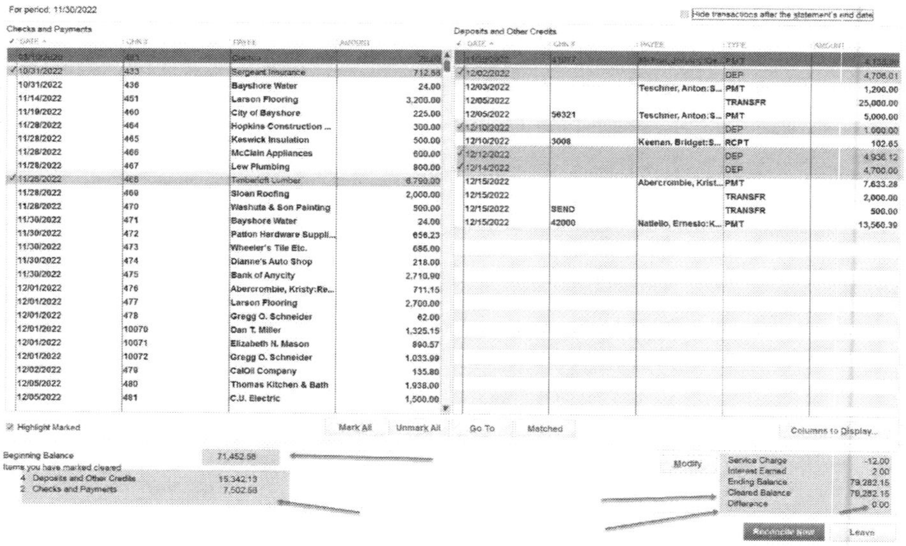

Escojemos los registros del statement del banco hacemos el check mark si miras de un lado tiene Checks and Payments del otro tiene Deposits and Other Credits abajo tiene el total de las dos columnas
En el lado izquierdo abajo la diferencia tiene que tener 0 al reconciliar el stament de banco con tu registro de Quickbooks

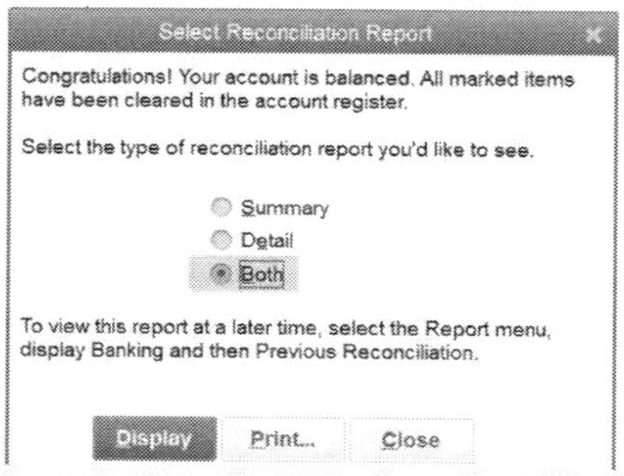

Ya que le damos Reconcile Now nos da a imprimir nuestro reporte le damos ya sea un summary o Detaill o le damos los dos para guardarlos uno es simple summary y el otro es mas detallado con las transacciones

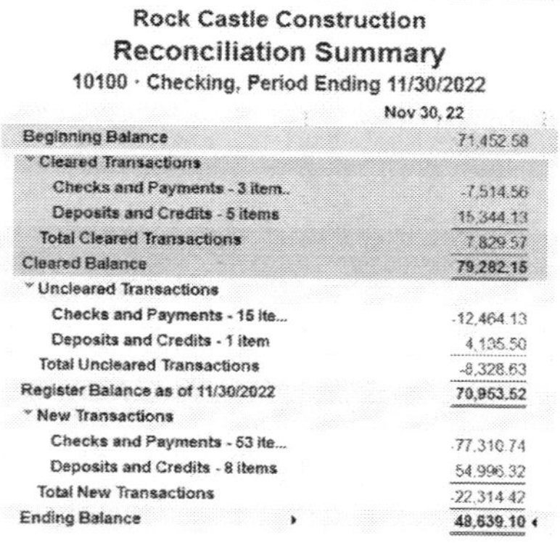

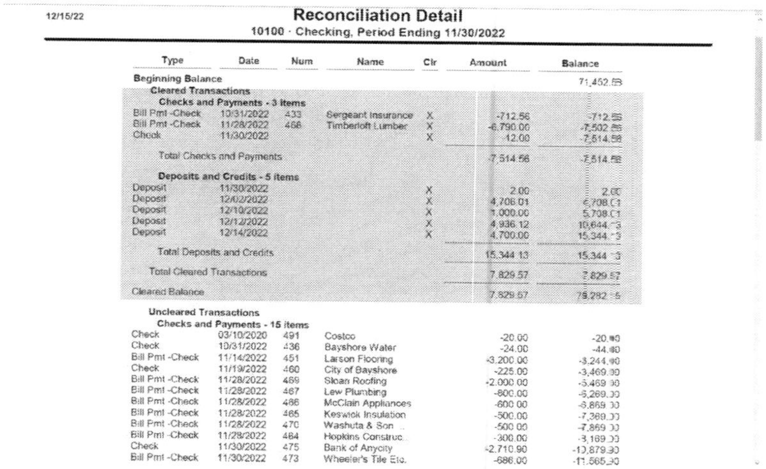

Reportes (Reports)

Supervise el funcionamiento de su negocio:

QuickBooks ® utiliza 5 tipos de categorías o cuentas, donde organiza las transacciones que realiza la empresa, estas cuentas se usan para el registro de la información financiera y las agrupa de acuerdo a su propósito final de información.

Toda la informacion se puede encontrar, organizar, y presentar como un reporte facilicita encontrar y entender correctamente dicho reporte.

La clasificación de **QuickBooks ®** es simple

Income = Ingresos   Expenses = Gastos

PROFIT AND LOSS STATEMENT
ESTADO DE GANANCIAS Y PERDIDAS

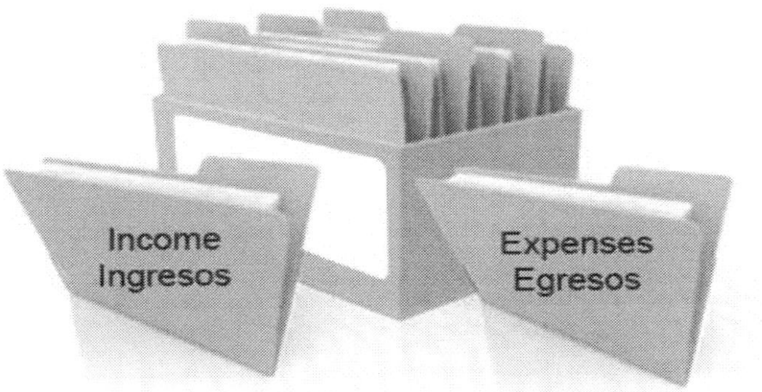

Assests = Activos   <u>Liabilities</u> = Pasivos   Equity = Capital

BALANCE SHEET
BALANGE GENERAL

Y cada una será sub-dividida de acuerdo a lo que se quiere reflejar de las operaciones de la empresa y los reportes que van a conformar.

Toda la información registrada en **QuickBooks ®** puede encontrarse, puede organizarse y presentitas como reporte. **QuickBooks ®** tiene más de 100 reportes contando con un "Report Center" que le hará más fácil la utilización de los mismos

Vaya a **Report > Reports Center este centro muestra y explica cada reporte**

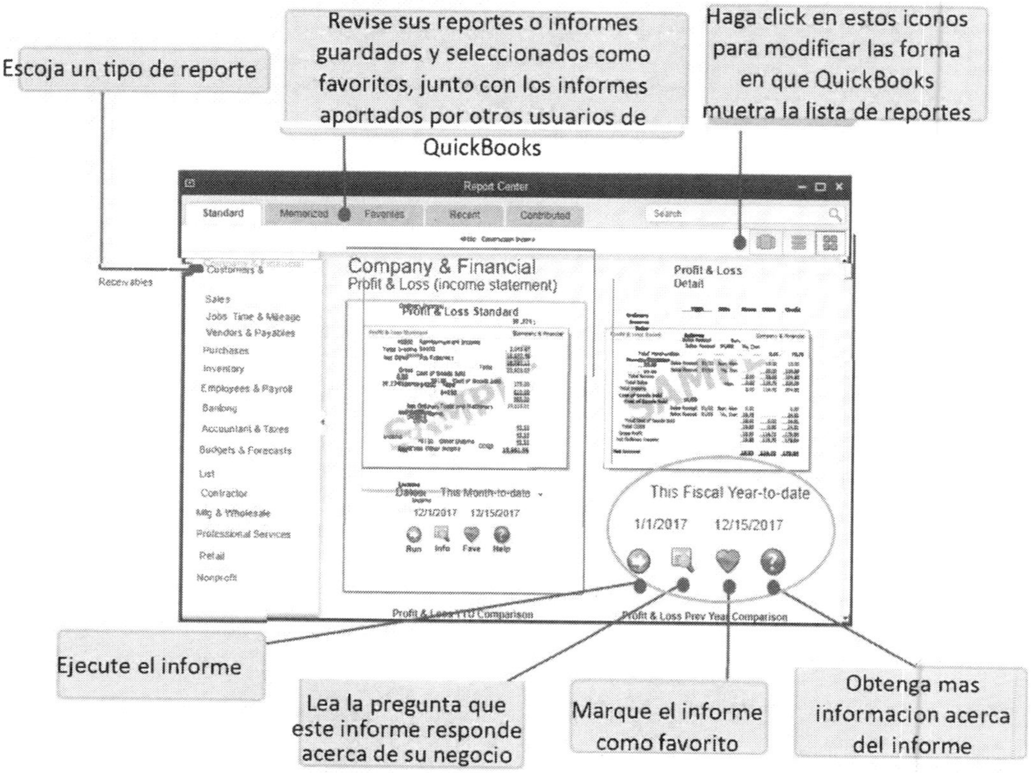

- **Estado de Situación / Balance Sheet -** Una presentación instantánea de su empresa en una fecha. Muestra:
  - Lo que su negocio tiene, incluyendo lo que otros le deben a su negocio (activos y cuentas por cobrar)
  - Lo que su negocio debe a los demás, incluyendo a vendedores / proveedores (pasivos y cuentas por pagar)
  - El valor neto de su empresa (capital)
- **Reporte de Pérdidas y Ganancias / Profit & Lost statement** - También conocido como el Estado de Resultados, y cubre la actividad durante un periodo concreto con una fecha de inicio y una fecha de finalización . Muestra:
  - Ingresos
  - Gastos
  - Ganancia o pérdida neta (ingresos menos gastos)
- **Reporte de Flujo de Efectivo / Statement of Cash Flows** - Esto también cubre la actividad durante un periodo concreto con una fecha de inicio y una fecha de finalización . Muestra:
  - Recibos
  - Pagos

- Para hacer una copia de seguridad, en el menú **Archivo/ File**, seleccione **Copia de Seguridad de la Empresa / Back Up Company**. Una copia es una copia completa de su archivo de datos que está destinado a ser restaurado en el caso de que usted esté trabajando en un archivo que se vea comprometido. Es una buena práctica para almacenar las copias de seguridad en una unidad diferente a la ubicación de su archivo de trabajo.

» **Para abrir un archivo previamente abierto:**

1. En el menú **Archivo / File** , seleccione **Abrir Empresa Anterior/ Open Previous Company.**.
2. En el **submenú / Submenu**, seleccione el archivo de la empresa que desea abrir.

» **Para cambiar el número de archivos de la empresa que se muestran en el submenú:**

Si trabaja con varias compañías, podrá trabajar en QuickBooks con varios archivos de la empresas. Puede cambiar de un archivo de empresa a otra en cualquier momento, pero se puede tener un solo archivo de empresa abierto a la vez. (Dos excepciones son QuickBooks Contador de Escritorio y QuickBooks Enterprise Solutions, que le permiten abrir dos archivos de la empresa al mismo tiempo)

QuickBooks proporciona una manera fácil de encontrar y abrir un archivo de empresa que ha trabajado antes.

1. Asegúrese de que está conectado a un archivo de compañía QuickBooks como el usuario administrador.
2. En el menú **Archivo / File** , seleccione **Abrir la empresa anterior / Open Previous Company.**
3. Elegir Determinar el **Número de Empresas Anteriores / Set number of previous companies.**
4. Introduzca el número de archivos de la empresa que desea visualizar en QuickBooks (hasta 20).
5. Haga clic en **Aceptar / OK**.

Alternativamente:

1. En el menú **Archivo / File**, seleccione **Cerrar Empresa / Cierre de Sesión / Close Company/ Logoff.**
2. Aparecerá la pantalla **Ninguna Empresa Abierta / No Company Open**.
3. Haga clic en **Editar Lista / Edit List** para ocultar las empresas que ya no desea que aparezcan en esta lista o en la lista **Abrir Empresa Anterior / Open Previous Company.**
4. Haga clic con una marca de verificación en la columna *Oculta*, al lado de cada empresa que ya no desea que aparezca en la lista.
5. Haga clic en **Aceptar / OK**.

Analis Reportes Financieros

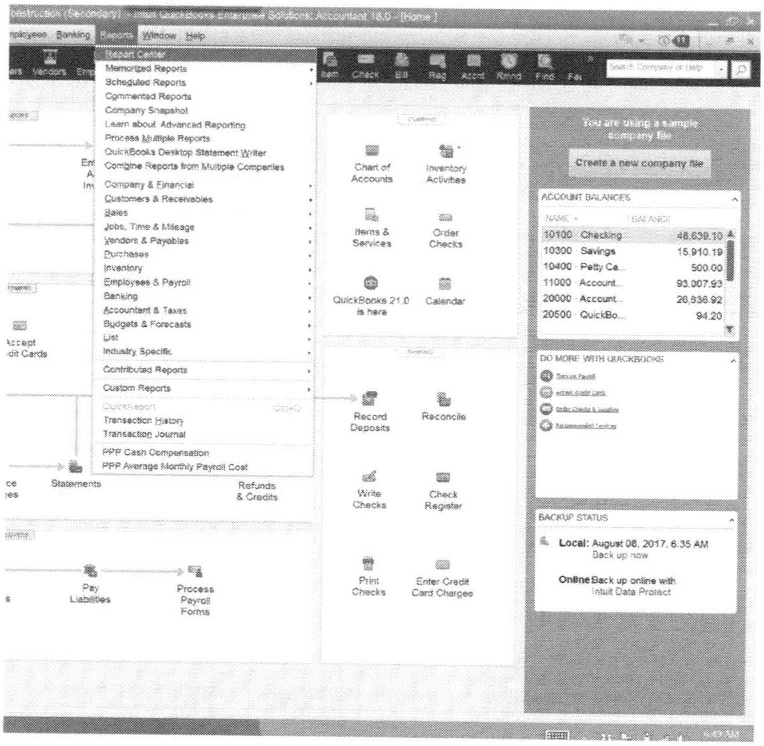

Ganancias y Perdidas

Este reporte tambien es conocido como una declaracion de ingresos. Resume tu ingreso y tus gastos por un periodo particular, haci te das cuenta si estas operando tu negocio en gancias oh perdidas.

Para empesar aqui: Reports>Comapny & Financial> Profit & Loss Standard

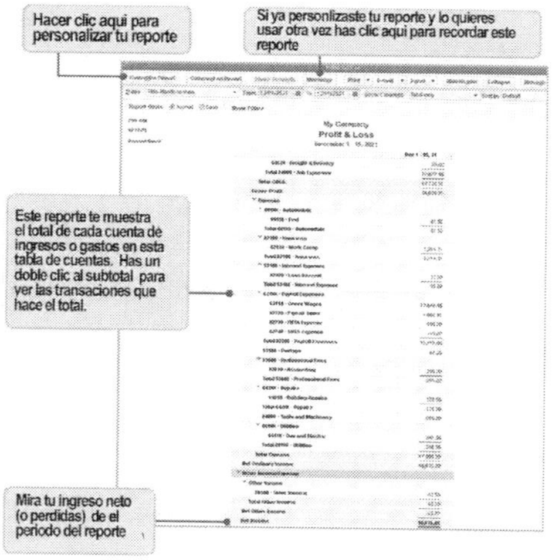

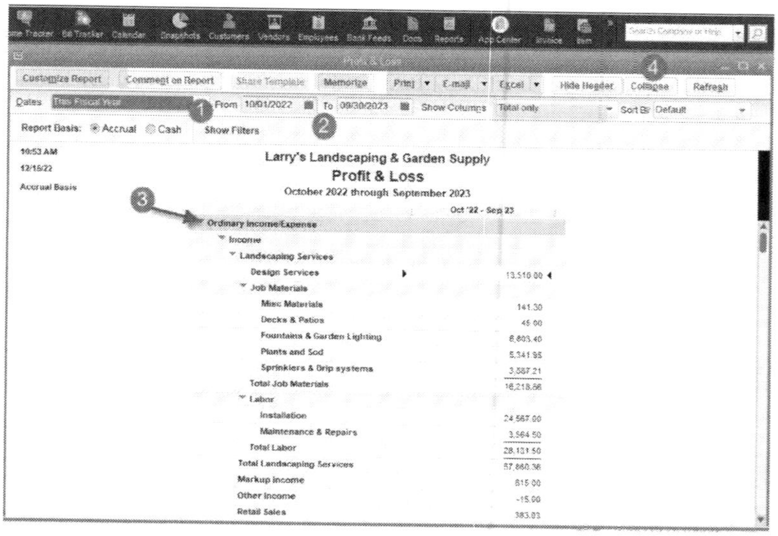

Hoja de Balance

Este reporte te muestra una imagen al momento de la compania de un dia determinado de la pestana
Para empesar aqui: **Reports> company & Financial>Balance Sheet Standard**

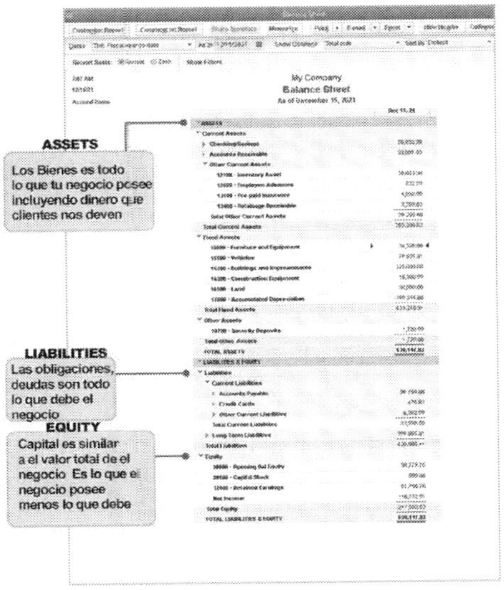

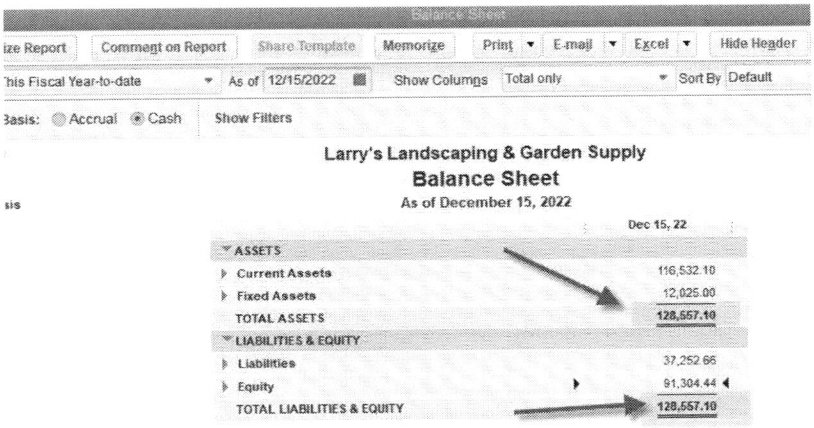

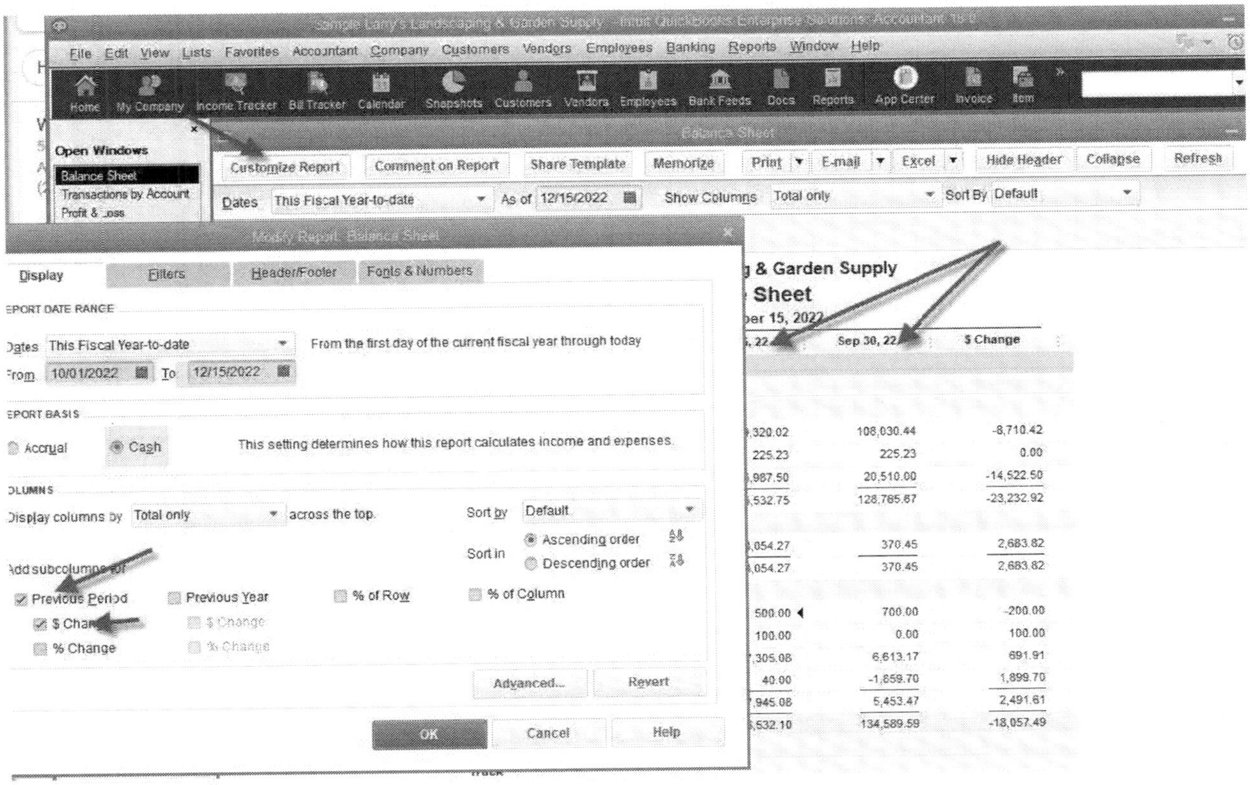

Company Snapshot/Resumen General

Utilice el Company Snapshot para obtener informacion de su Compania a tiempo real y realizar tareas des un solo lugar

Si usted mantiene el registro de las transacciones al día, una de las herramientas de control que permite ver a simple vista ver información pertinente a las operaciones de la empresa.

Vaya a **Company > Company Snapshot.**

Allí podrá ver:

- Cuánto le deben
- Cuánto debe
- Distribución de los gastos y los ingresos
- Principales clientes
- Los balances en las cuentas, etc.

Este es un resumen general del dinero que entra y sale de su negocio durante periodos de tiempo determinados. Utilice ésta sección para comparar ingresos y gastos mensualmente

Haga click aquí para aprender como personalizar su "Company Snapshot" o Resumen General de su compañia

Vea cuánto le deben sus clientes

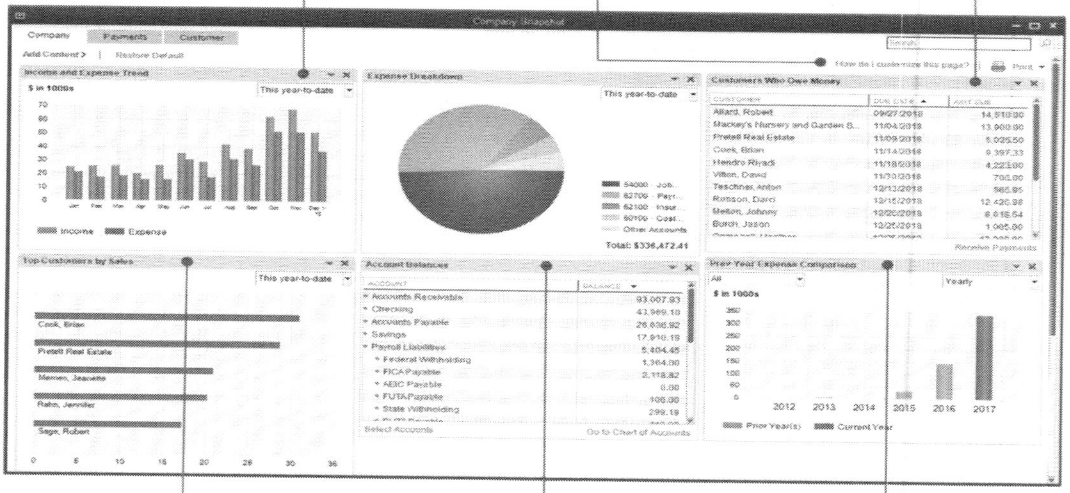

Esta sección le muestra a sus 5 clientes con mayor cantidad de ventas dentro de un periodo de tiempo determinado

La sección de saldos de cuenta incluye: todas las cuentas de banco, cuentas por cobrar, cuentas por pagar, tarjetas de crédito, posesión de capital, deudas y su equidad.

Revise cuanto gasto este año en comparación con el mismo periodo de tiempo el año pasado

Ganancias y Pérdidas

Este reporte también es conocido como el estado de cuenta de los ingresos.

Este resume sus ingresos y gastos en un periodo de tiempo específico, por lo que puede determinar si su compañía está funcionando con ganancias o con pérdidas.

Para empezar, vaya a: **Reports > Company & Financial > Profit & Loss Standard**

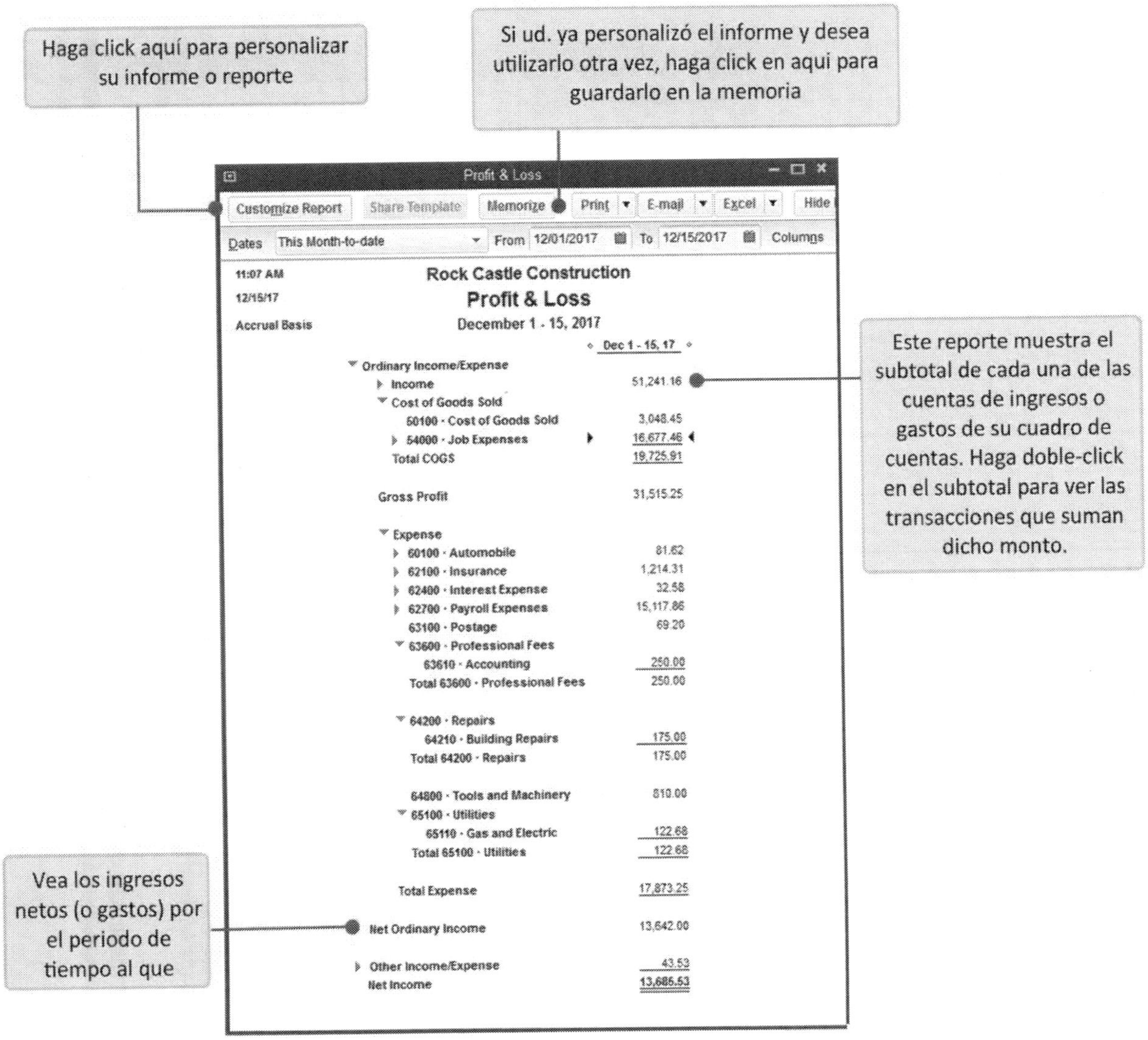

Balance General

Este reporte provee un resumen financiero de la compañía hasta una fecha específica. Para empezar, vaya a: **Reports > Company & Financial > Balance Sheet Standard**

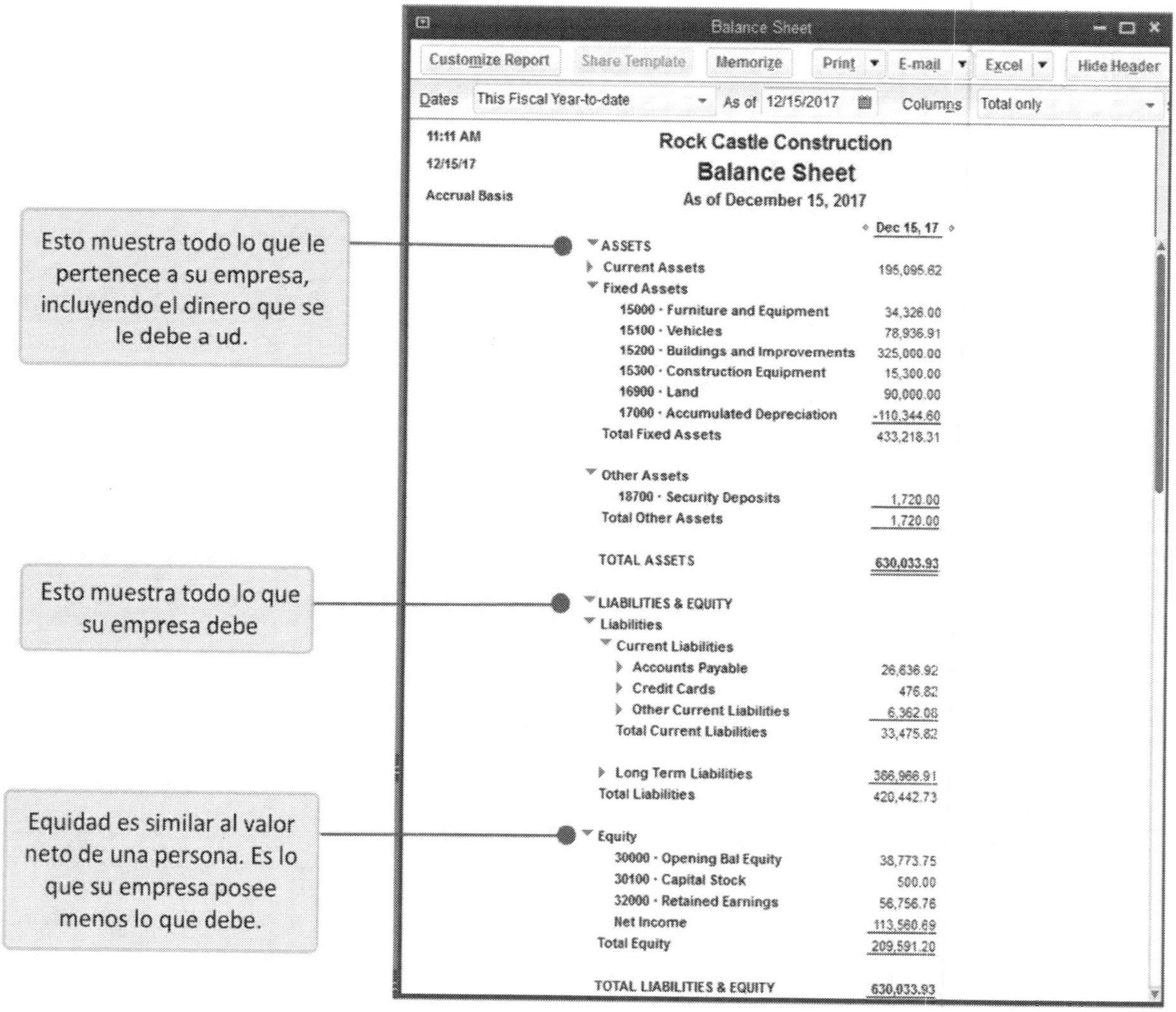

5. Manejando Diferente Cuentas de Gastos (Expense Accounts)

A. Descripcion de Long Term Liabilities y Short Term Liabilities
B. Creacion de Cuenta de Prestamo (Long Term Liability Loan)
C. Informe de Como Hacer Pagos a Prestamos en Quickbooks
D. Creacion de Cuentas de Tarjetas de Credito (Credit Cards)
E. Usando Tarjetas de Credito en Quickbooks
F. Informe de Como Hacer Pagos a Tarjetas de Credito en Quickbooks
G. Creacion de Pagos Seguidos de mes a mes (Recurring Payments)

Creando Cuentas de Prestamos

Long term Liabilites /Short Term Liabilities

La diferencia de las dos es que Long term Liability es una cuenta a Largo Plazo que es por muchos meses cuando la de Short term Liability es una cuenta de Corto Plazo que es por unos cuantos meses. Estas cuentas se tienen que crear cada una por separado.

Ejemplo> Compra de carro para el negocio seria Long Term Liability (Largo Plazo) esta es por tener que hacer pagos por mas de 12 meses todo lo que es mas de 12 meses es considerado Long Term Long Liability. ya sea un carro por 5 años o un prestamo de banco por mas de 15 años

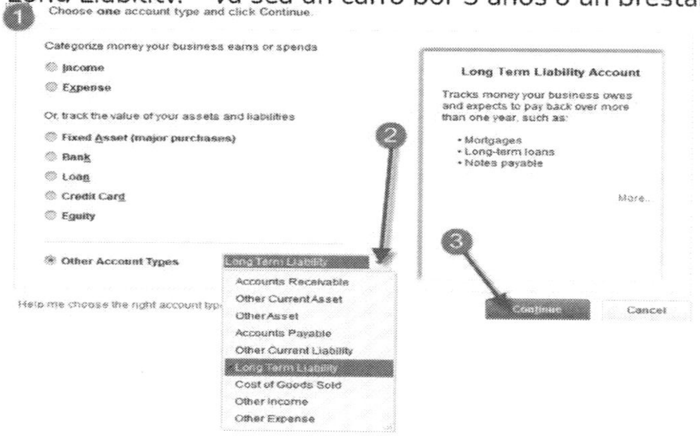

1. Nos vamos a CHART OF ACCOUNTS>NEW
2. Escojemos Loan Other Account types Long Term Liability
1. Continue

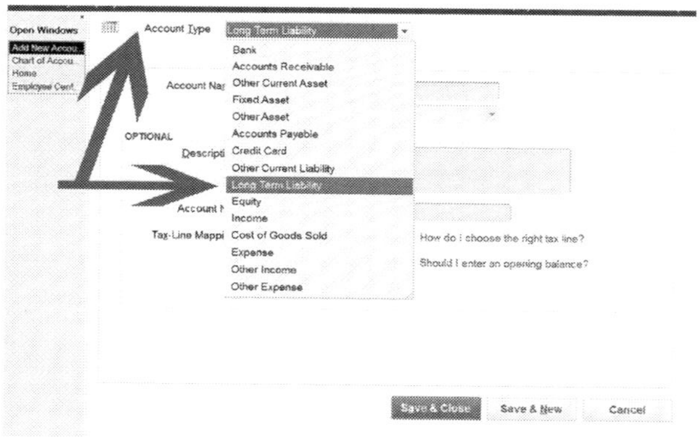

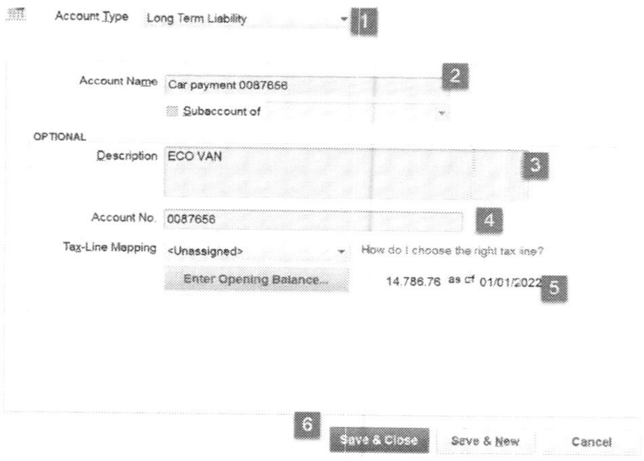

1. Nos vamos a Account Type buscamos Long term Liability para nuestra cuenta de prestamos Ponemos el nombre de cuenta ejemplo pago de carro pueden poner el numero de cuenta o nombre de carro si tienen varios
2. Descripcion de el prestamo ejemplo el nombre y marca de carro
3. Numero de cuenta del loan
4. Aqui ponemos el balance del prestamo. Es importante empesar la fecha de el año fiscal del momento. Ejemplo digamos que empiesas con Quickbooks pero ya tienes el automobil por varios años empesar con el balance de año fiscal al momento siempre

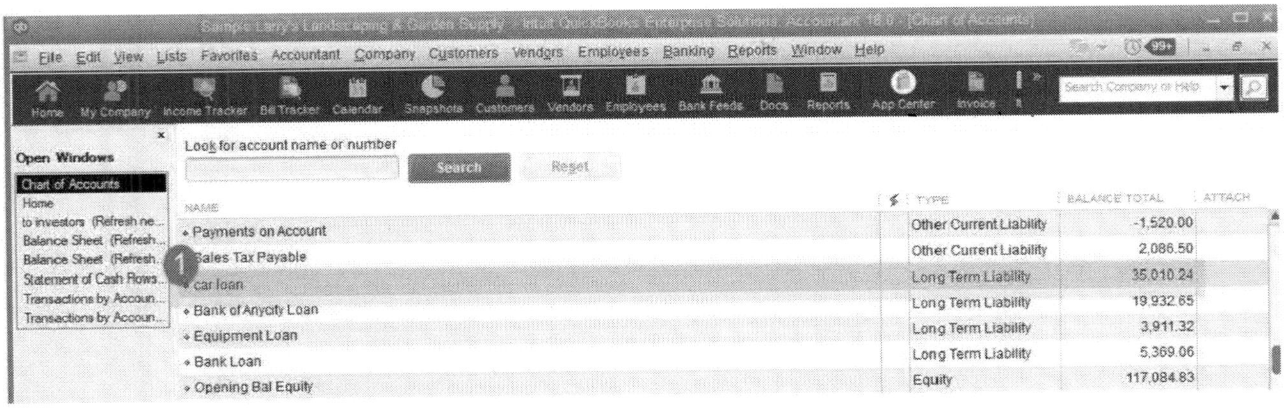

Nos vamos a Chart of Accounts

1. Miramos que ya tenemos en la lista el Car Loan y es Long Term Liability y nos muestra el balance recordar si queremos ver las transacciones de esta cuenta solo de damos doble click y no lleva a los movimientos echos

Haciendo pagos a prestamos

Pagos a Long Term Liabities tenemos que pagarlos como cuenta de gastos (Expense Account) tenemos que ponerla directamente al pago del prestamo
Ejemplo si la pagamos por internet lo ponemos como Expense
si mandamos un cheque sera Write Check todo depende como lo pagaste en linea o mandando un cheque

En Quickbooks desktop es
Check register o Write Checks

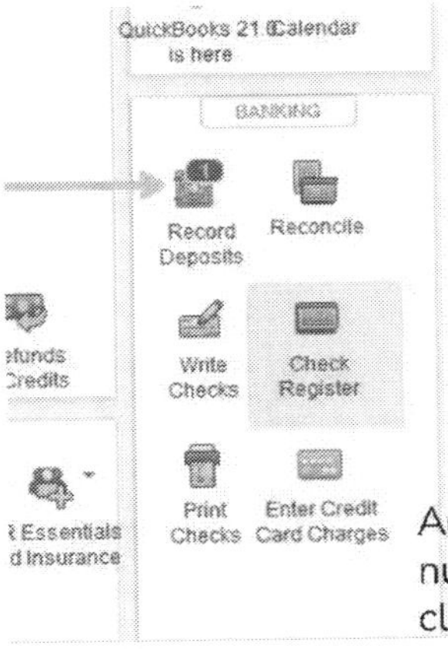

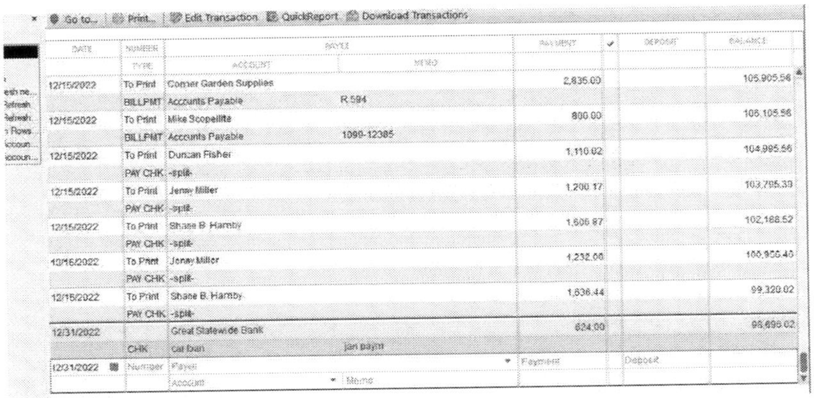

Aqui ponemos el pago en Write Checks si lo pagamos electronicamente desde nuestra cuenta de cheques si desemos dividir el principal y el iteres hacemos doble click al CHK para ir al cheque y modificarlo

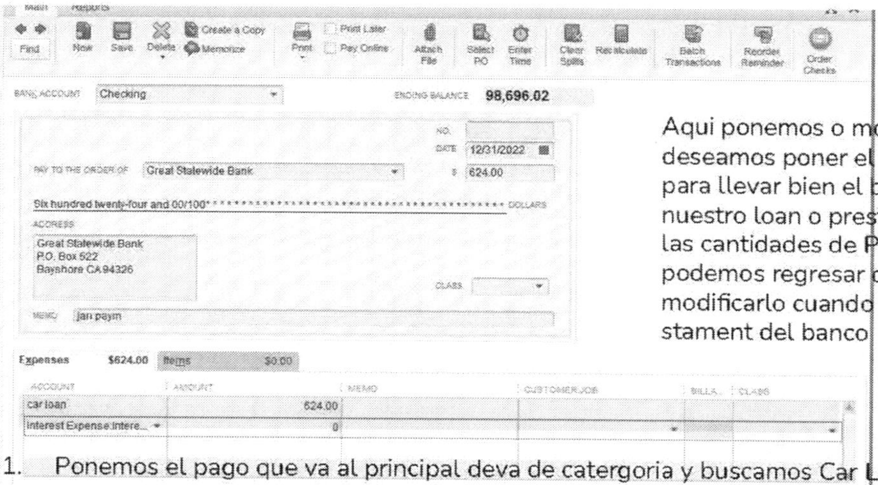

Aqui ponemos o modificamos si deseamos poner el interes y principal para llevar bien el balance que queda en nuestro loan o prestramo si no sabemos las cantidades de Principal y Interes podemos regresar despues para modificarlo cuando recibimos nuestro stament del banco

1. Ponemos el pago que va al principal deva de catergoria y buscamos Car Loan o el nombre que le ponemos a nuestro prestamo
2. Ponemos el interes del prestamo aqui si no sabesmos al momento podemos regresar y modificar el interes
3. Miramos que el total del pago sea realmente lo que estamos pagando
4. Si por casualidad hacemos el pago tarde aqui ponemos debajo de Bank Charges el pago de Late Fees que nos cobra el banco
5. Guardar y Cerrar

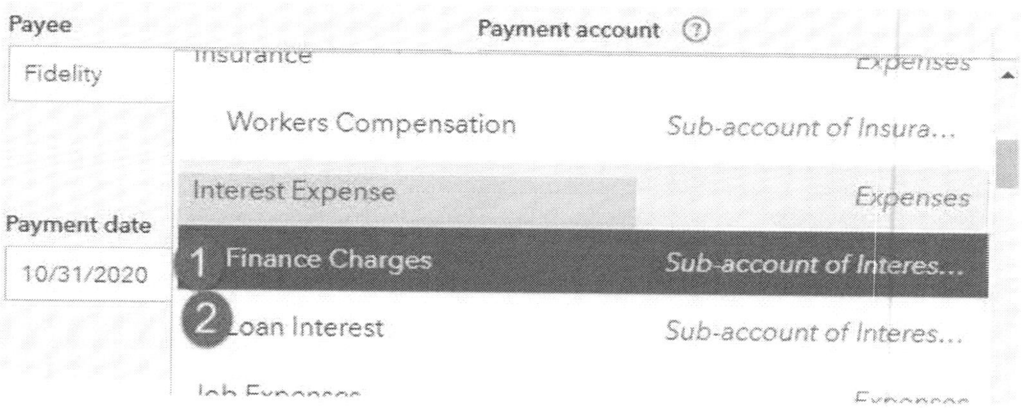

Si miramos la cuenta de Interest Expense miramos que debajo de esta tenemos dos mas cuentas que son subcuentas pero llevan el mismo trabajo de ser cuentas de Gastos debajo de Expense solo que las estamos dividiendo para saber cuando hacemos reportes de que estamos gastando en Interes y Cargos de Financiamiento

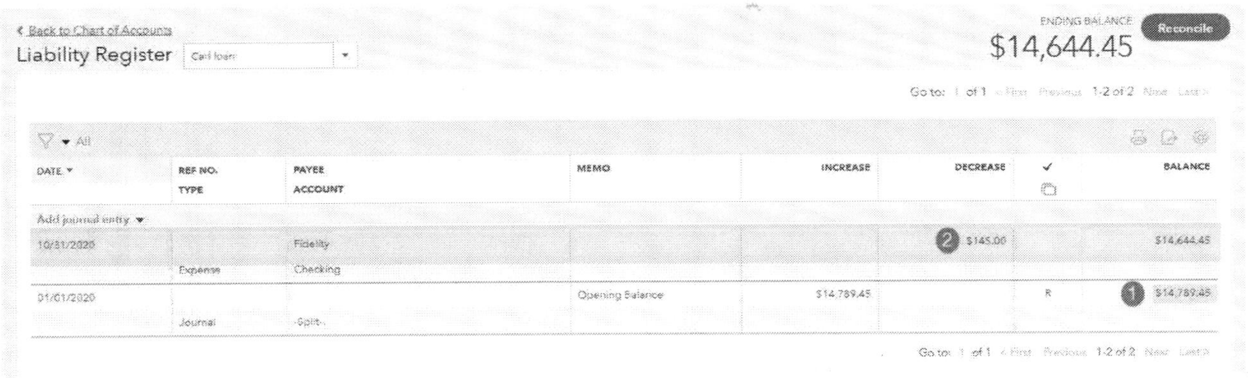

Si miramos en el registro de la cuenta de prestamo Ejemplo Car Loan
Miramos que se registro solo el Principal del pago que hicimos y deductandolo de el balance

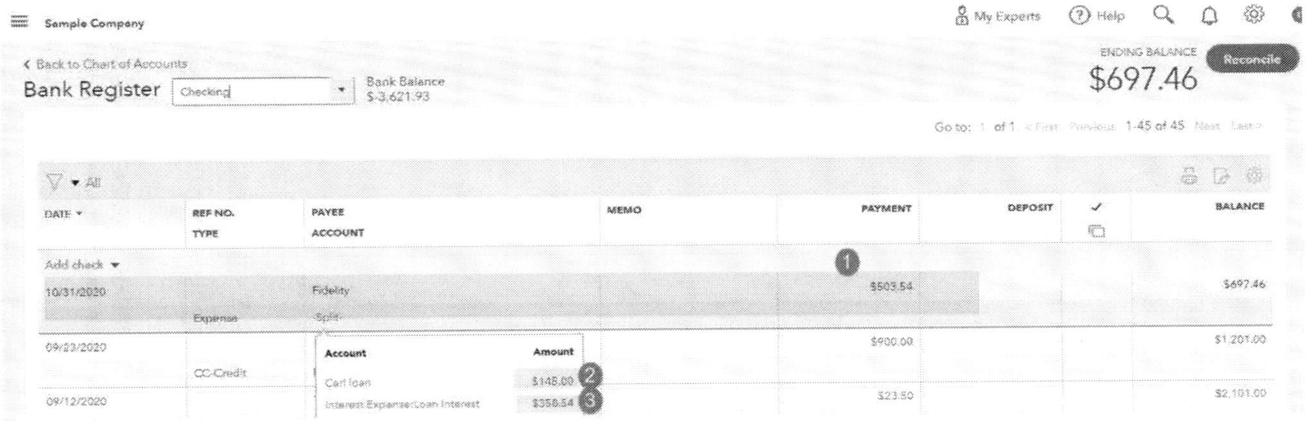

Pero si vamos al Registro de Cheques o de la cuenta que hicimos el pago

1. Se mira el pago completo que hicimos en total
2. Aqui en Split se mira como lo dividimos si lo dividimos con Car Loan lo que pagamos
3. Aqui se mira el interes que pagamos en total

Usando Targetas de Credito para el negocio

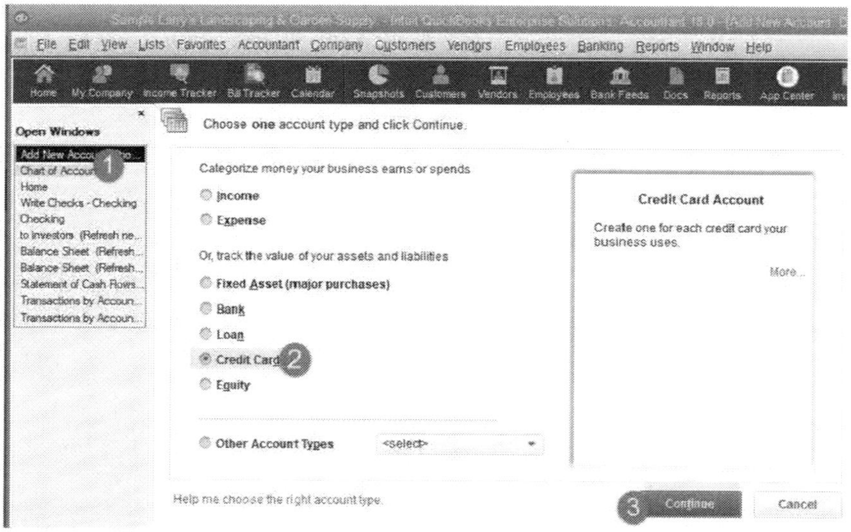

Vamos a crear una cuenta de nuestra tarjeta de Credito

1. Nos vamos a Chart of accounts
2. Escojemos credit card
3. Escojemos Continue

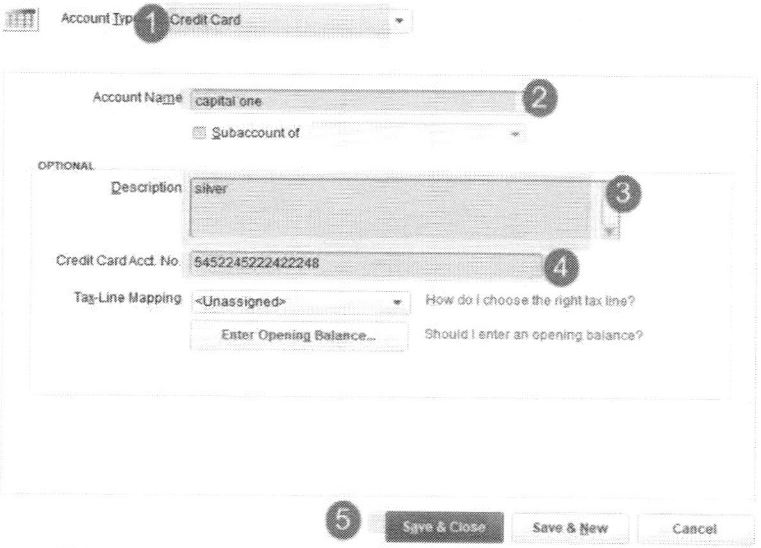

1. Escojemos Credit card
2. Ponemos el nombre de la cuenta puede ser el nombre de la tarjeta
3. La descripcion puede ser tambien el nombre de la tarjeta o visa o Mastercard
4. Podemos poner el numero de tarjeta de credito si queremos pero tener cuidado pues no es necesario
5. Guardar y Cerrar

Miramos que ya esta en Chart of Accounts

Usando Tarjetas de Credito

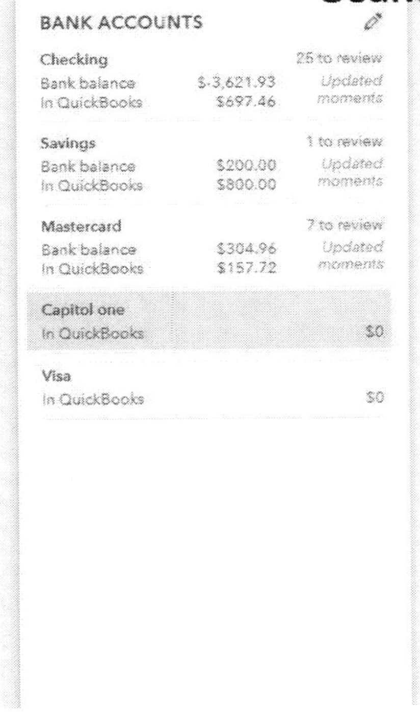

Miramos que se encuentra en nuestra Lista de Cuentas (Chart of Accounts) al igual que en nuestra pagina principal con balance si tenemos o cual debemos

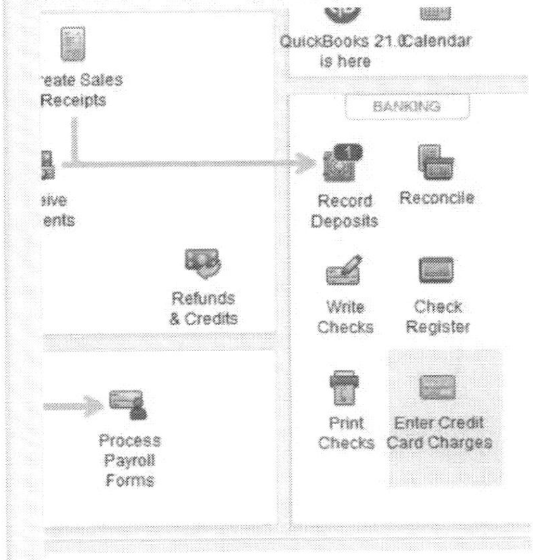

Para desktop nos vamos a Enter Credit Card Charges en la Home page en el Center de Banking Abajo Esquina Derecha

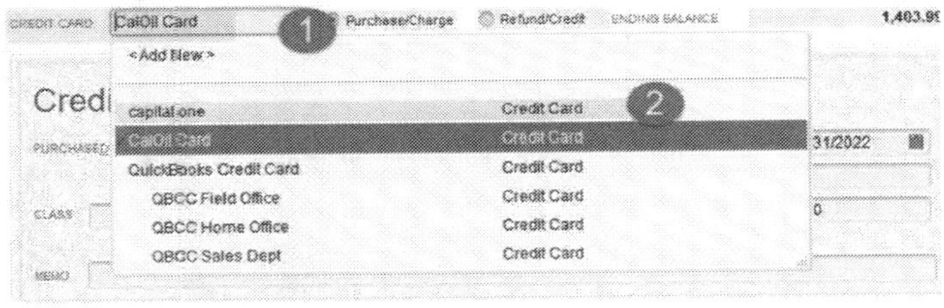

1. Escojemos en Credit Card la Tajeta que usamos
2. Aqui es Capitol One

Llenamos la informacion de el vendor Abajo llenamos la informacion de lo que gastamos en ese momento

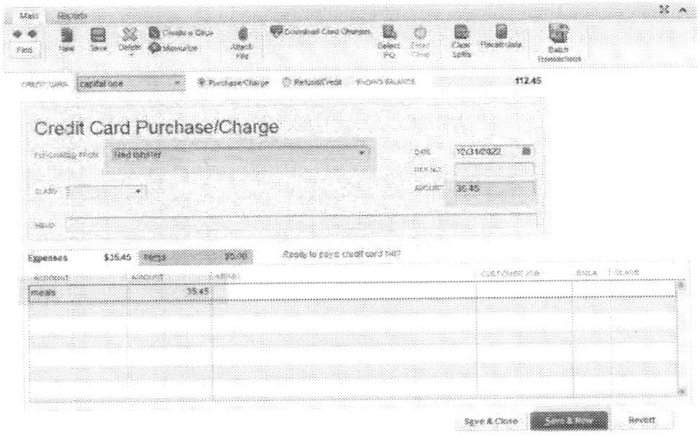

Save and New si tenemos varias transacciones recordar que la tarjeta de debit de nuestro banco apesar que tiene visa o mastercard no es considerada Tarjeta de Credito

Si tenemos Tarjetas de Credito de Negocio esta es la forma que ponemos las transaciones echas

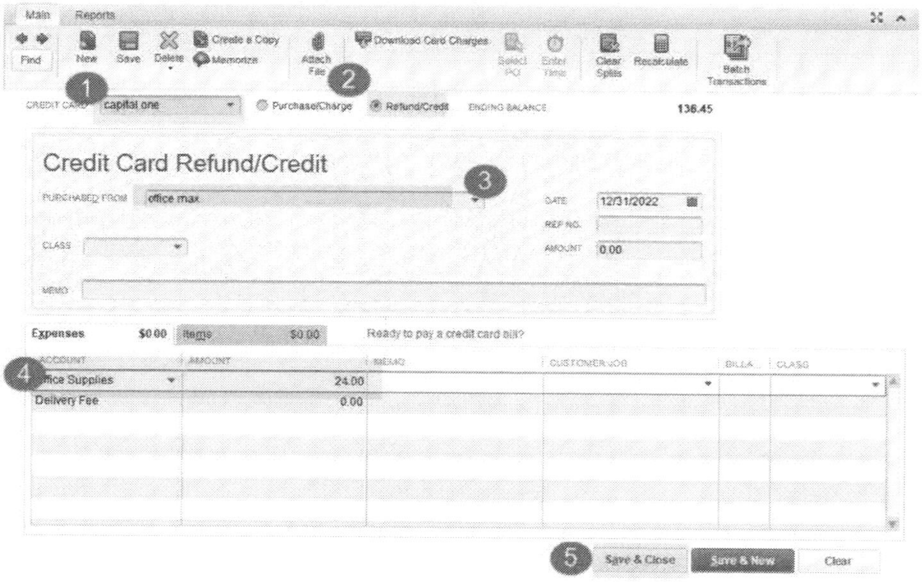

En el ejemplo anterior se hicieron 3 transacciones la primera fue en Office Max donde gastamos 101.00 para office supplies y Deliver Fee cual dividmos dependiendo el Account de Expense Despues fuimos al Red Lobster a Comer cual fue 36.45 Decidimos regresar algo que compramos en el office Max y de esta manera hacemos un credit/refund

1. Escojemos la cuenta de credito
2. Hacemos click a Refund/Credit
3. Escojemos el Vendor
4. Y la Expense Accound que en esta fue Office Supplies
5. Guardmos y cerramos

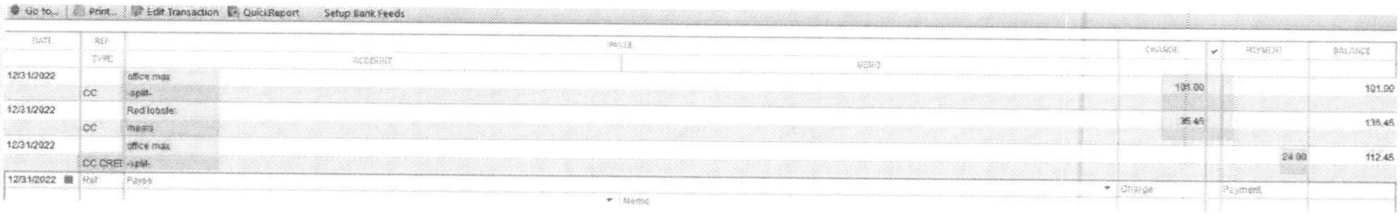

Miramos en la Cuenta de Tarjeta de Credito en Chart of Accounts que se miran los movimientos que hicimos de ese dia de los gastos a los creditos

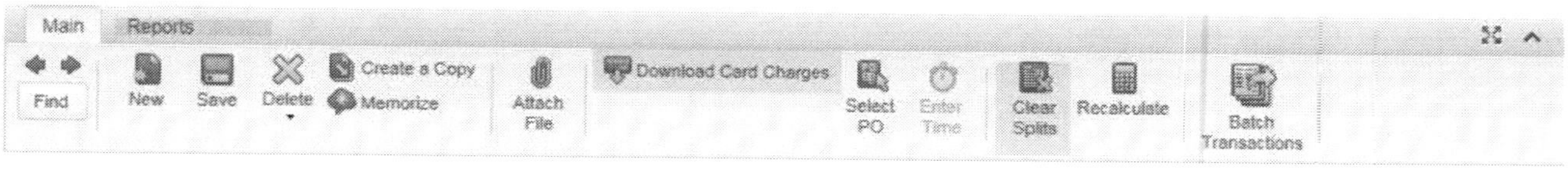

Si miramos en en tool bar de arriba podemos ver que tiene una manera de bajar las transacciones de la internet si no queremos ponerlas manualmente pero necesitamos estar conectados a la internet si tenemos gastos en la misma transaccion divididos (split) aqui los podmos borrar y juntarlos con un click Tambien nos da la opcion de correr reportes del mismo lugar si haci lo deseamos

Pagar o Reconciliar las Tarjetas de Credito

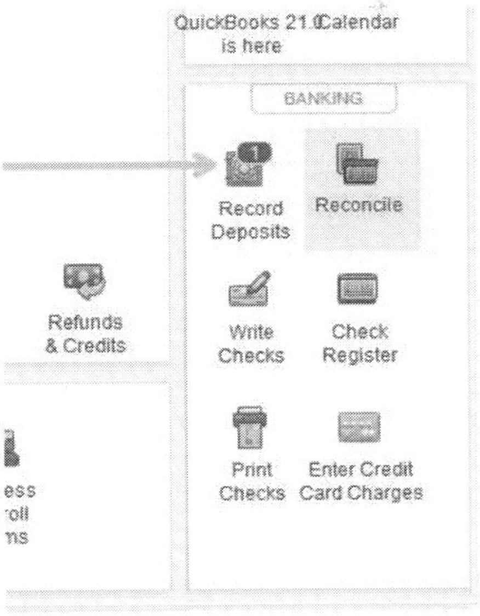

Desktop nos vamos a Reconcile ya cuando recivimos nuestro credit card statement

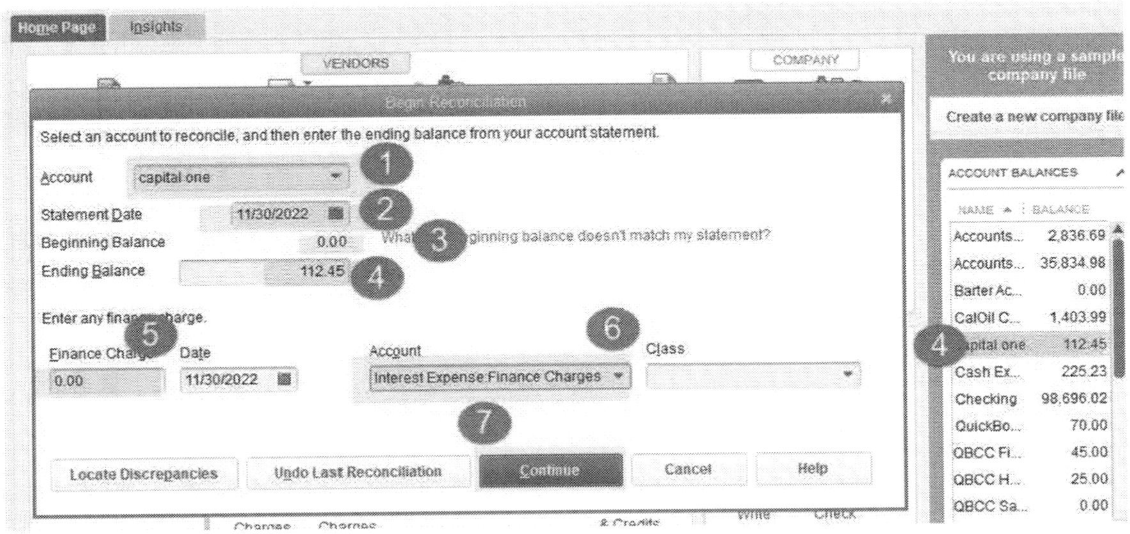

1. Escojemos la cuenta de tarjeta
2. Escojemos la fecha del Stament de la Cuenta
3. En este ejemplo es nueva y nuestro balance era 0
4. Ponemos el Balance Final que biene en el Stament de la cuenta
5. Si tenemos Cargos de Finaciamiento aquí los ponemos
6. Escojemos la Cuenta de Interest Expense:Finance Charges que previamente pusimos
7. Continuamos

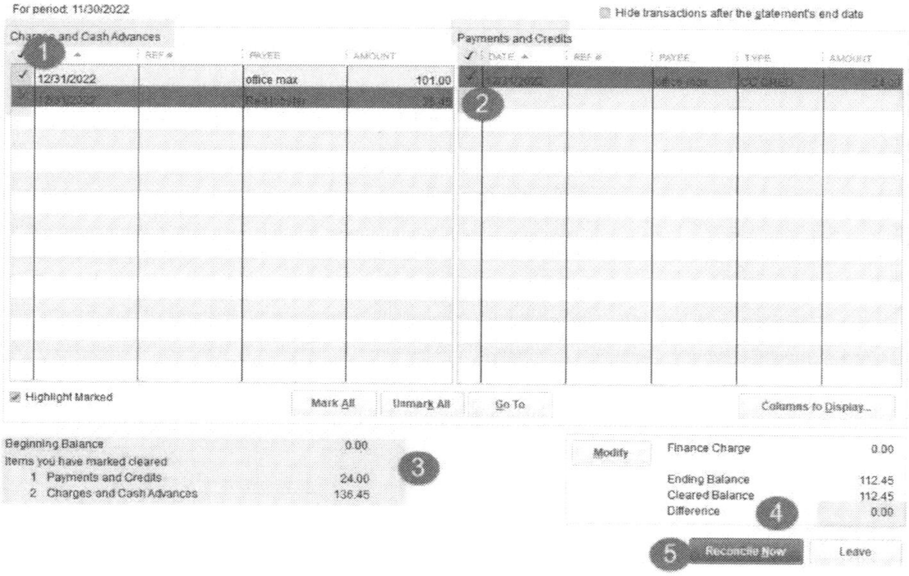

Se nos habre esta ventana donde igual que en la previa clase de Cuenta de cheques escojemos con la flechita lo que queremos reconciliar

1. Miramos los cargos que se hicieron de compras
2. Miramos los creditos y pagos que se hicieron si considen hacemos click a la flechita
3. Miramos que los numero considan con el 4
4. Verificamos que la diferencia sea 0
5. Hacemos click a reconciliar

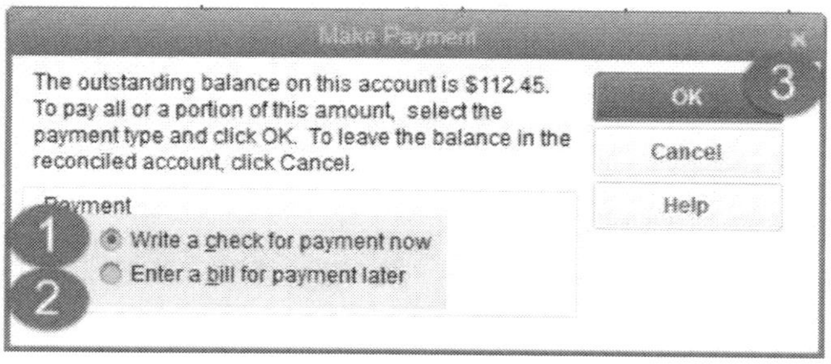

Nos aviasa que tenemos un balance que no emos pagado de 112.45 si queremos pagar ese momento o pagar despues

1. Opcion Escribir un Cheque al momento
2. Hacer un Bill y pagar despues
   Aqui escojimos Escribir Cheque al momento
1. Damos Ok

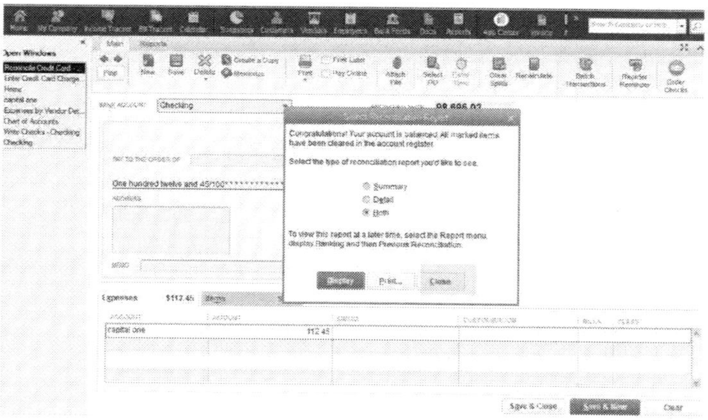

Antes de hacer el cheque nos dice que estamos balanceados si no fuera el caso tambien nos diria que algo esta mal y regresar a modificar nuestra tansaccion

Hablemos de Pagos que son Seguidos de mes a mes y ponerlos en Automatico Recurring Payments/Memorized Payment

Ya sea en Desktop o en Online nos vamos a la pagina principal y

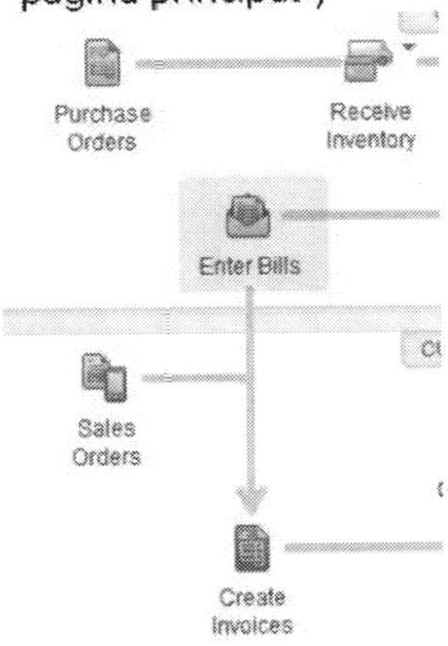

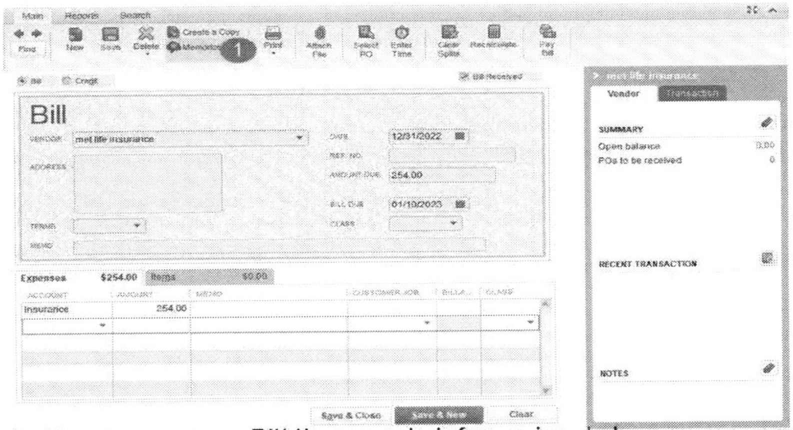

En desktop nos vamos a Bill llenamos la informacion de lo que vamos a pagar como vendor, la cantidad, El expense Account pero aqui nos vamos al Menu Bar

1. Escojemos Memorize se nos abre otra ventana

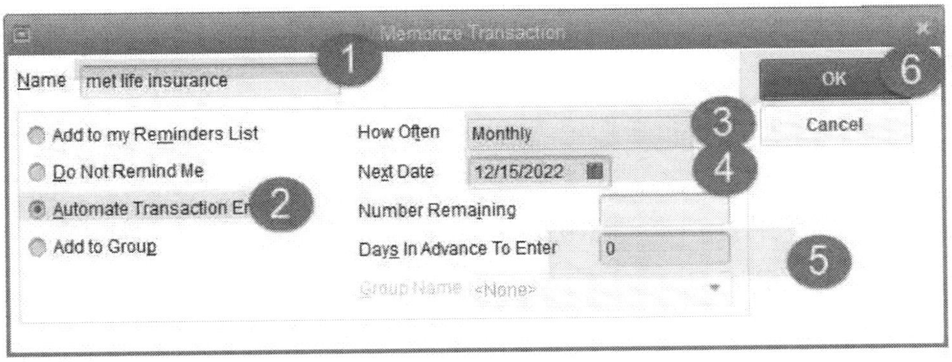

Aqui miramos la iformacion que tenemos que escojer

1. El nombre ya sea del vendor
2. Aqui nos da opcion de recordatorios, automatizarlo, no recordarnos o añadir a un grupo Escojeremos Automate
3. Cada cuando deseas que se haga la transaccion
4. La fecha proxima ya sea que dia del mes se debe pagar
5. Dias adelantados que deseas que se haga
6. Damos click a ok

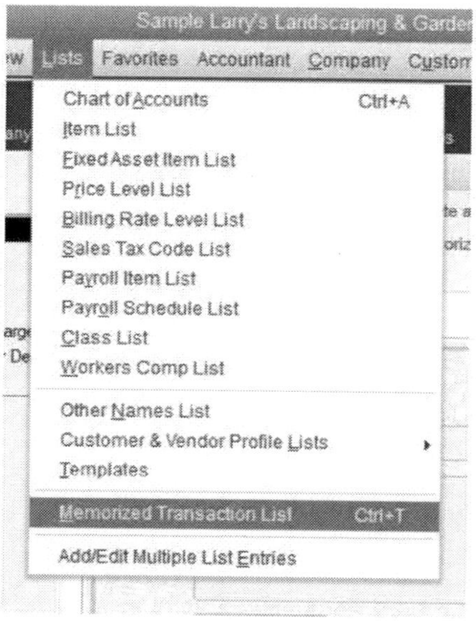

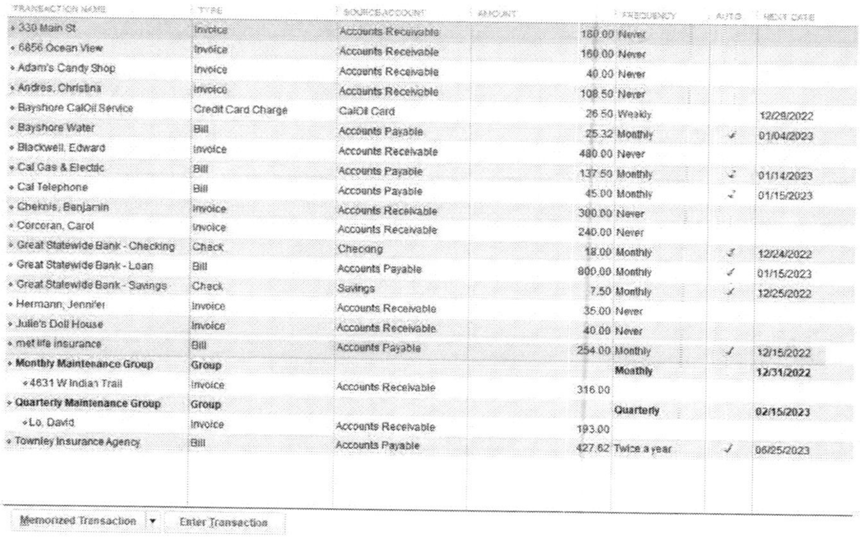

TRANSACTION NAME	TYPE	SOURCE ACCOUNT	AMOUNT	FREQUENCY	AUTO	NEXT DATE
330 Main St	Invoice	Accounts Receivable	180.00	Never		
6856 Ocean View	Invoice	Accounts Receivable	180.00	Never		
Adam's Candy Shop	Invoice	Accounts Receivable	40.00	Never		
Andres, Christina	Invoice	Accounts Receivable	108.50	Never		
Bayshore CalOil Service	Credit Card Charge	CalOil Card	26.50	Weekly		12/29/2022
Bayshore Water	Bill	Accounts Payable	25.32	Monthly	✓	01/04/2023
Blackwell, Edward	Invoice	Accounts Receivable	480.00	Never		
Cal Gas & Electric	Bill	Accounts Payable	137.50	Monthly	✓	01/14/2023
Cal Telephone	Bill	Accounts Payable	45.00	Monthly	✓	01/15/2023
Cheknis, Benjamin	Invoice	Accounts Receivable	300.00	Never		
Corcoran, Carol	Invoice	Accounts Receivable	240.00	Never		
Great Statewide Bank - Checking	Check	Checking	18.00	Monthly	✓	12/24/2022
Great Statewide Bank - Loan	Bill	Accounts Payable	800.00	Monthly	✓	01/15/2023
Great Statewide Bank - Savings	Check	Savings	7.50	Monthly	✓	12/25/2022
Hermann, Jennifer	Invoice	Accounts Receivable	35.00	Never		
Julie's Doll House	Invoice	Accounts Receivable	40.00	Never		
met life insurance	Bill	Accounts Payable	254.00	Monthly	✓	12/15/2022
Monthly Maintenance Group	**Group**			**Monthly**		**12/31/2022**
4631 W Indian Trail	Invoice	Accounts Receivable	316.00			
Quarterly Maintenance Group	**Group**			**Quarterly**		**02/15/2023**
Lo, David	Invoice	Accounts Receivable	193.00			
Townley Insurance Agency	Bill	Accounts Payable	427.62	Twice a year	✓	06/25/2023

Nos Vamos a Listas y Aqui vamos a Memoriezed Transaction List donde nos da todas las transacciones que tenemos memorizadas las que tienen una palomita son las que se hacen mensualmente o cada dos semanas

6. Manejando Empleados y sus Pagos (payroll)

A. Creacion de Nuevos Empleados
B. Repasando Lista para nuevos empleados
C. Trabajando por Hora o Commision
D. Pagando Taxes que deductamos de Payroll

Ya una vez seguimos con poniendo la informacion de los empleados nos vamos a Home y tenemos la opcion en el menu de Eployees, el Center de Employees, o en el drop down menu debajo de **Employees>Employee Center**

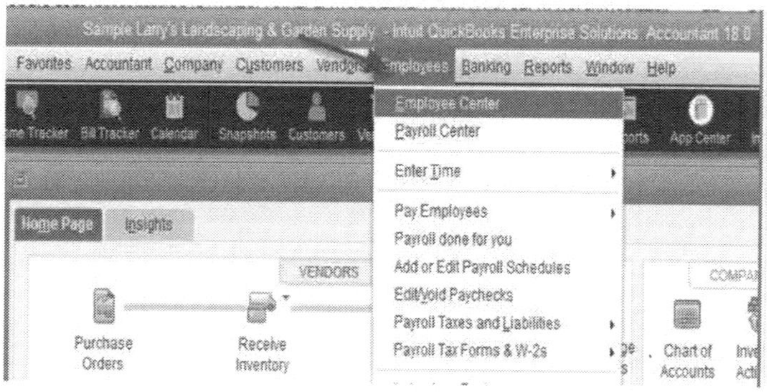

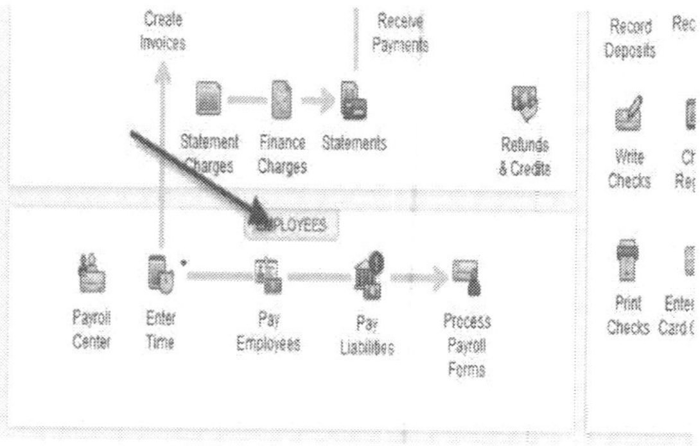

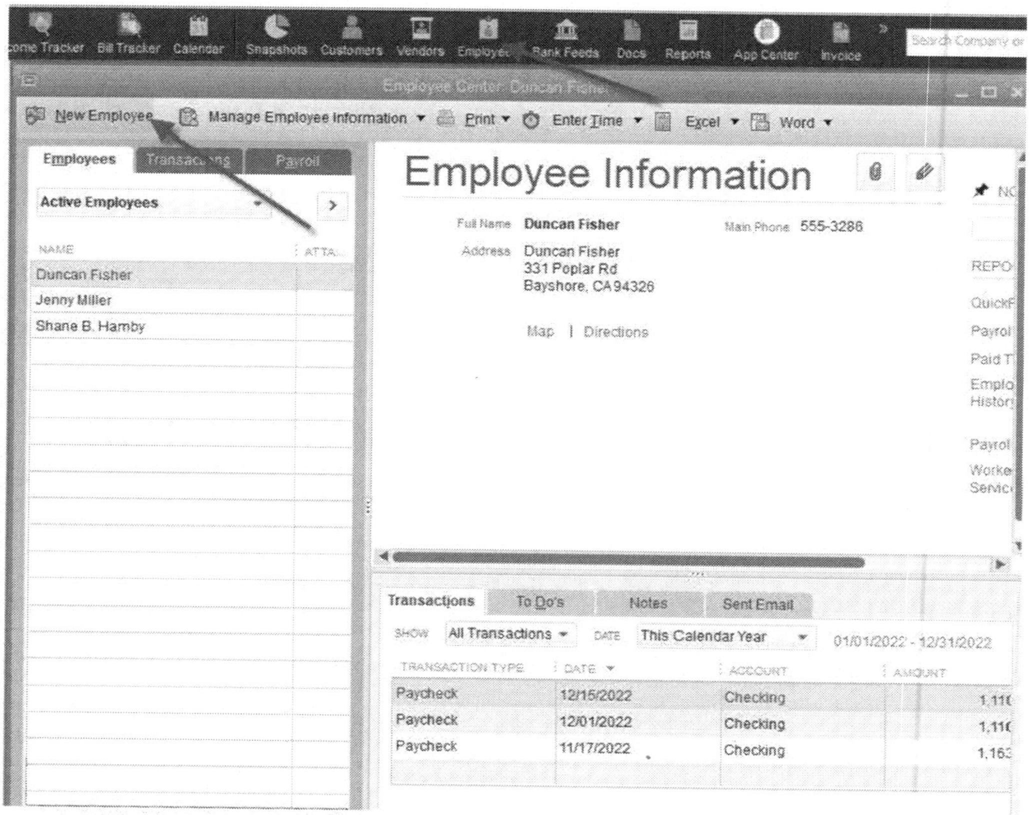

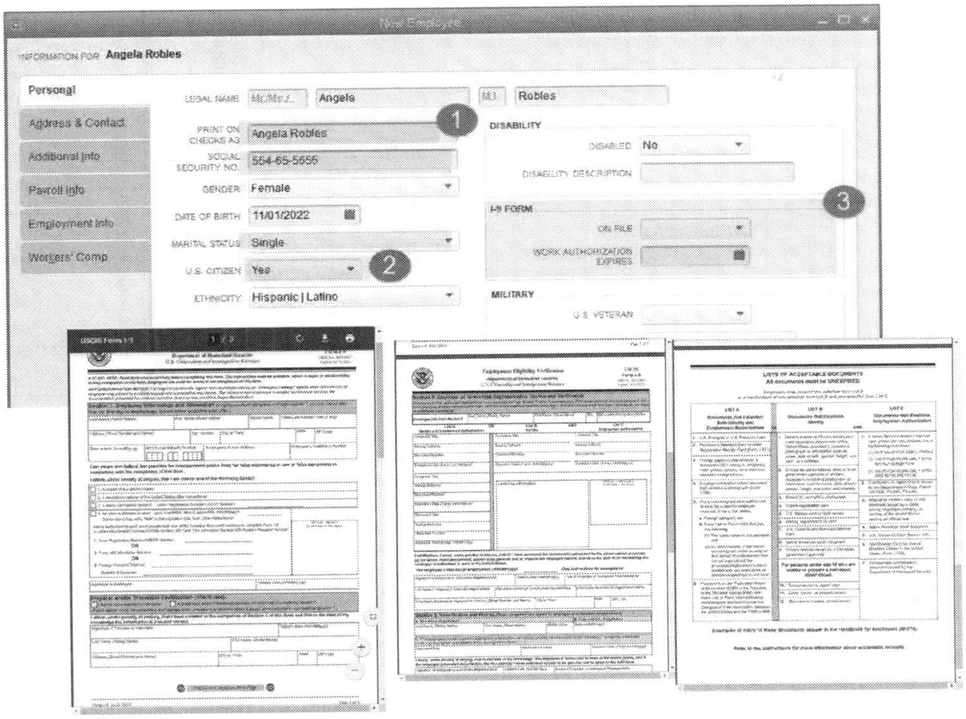

Llenamos la informacion de el empleado usando la applicacion de empleado que llenaron

1. Nombre del empleado
2. Si de casualidad el emplado no es ciudadano americano tenemos que llenar una forma 1-9 que podemos bajar de la internet
3. Aqui ponemos que si la tenemos en archivo y ponemos la fecha donde se expira la fecha de su permiso de trabajo o tarjeta de Residencia

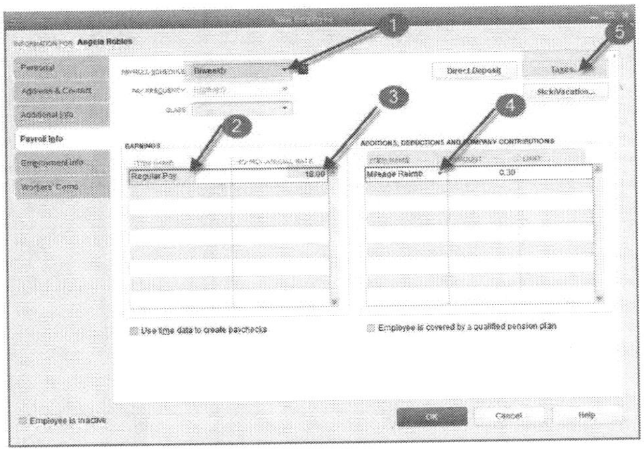

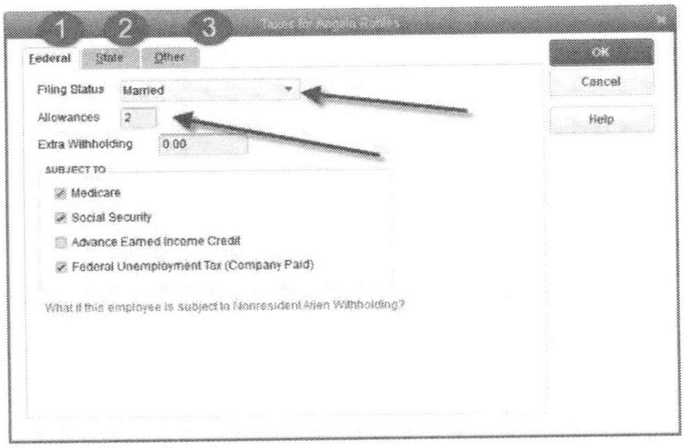

Los mas importantes y depende te como pagas

1. Aqui decides si es mensual, semanal o cada dos semanas
2. Aqui escojes si es por hora por commision o salario
3. Pones la cantidad ya sea por hora si es salario tienes que poner el salario de todo el año no semanal
4. Si tienes otras deduciones como millage, aseguranza o etc. aqui lo pones
5. Nos vamos a Taxes

Aqui llenaremos depende a la W4 form que llenaron al ser contratados

1. Aqui va la del Federal soltero o casado cuantos dependents y las deducciones necesarias
2. Aqui la del estado igual que el federal llenamos las preguntas
3. Si tenemos mas deduciones del govierno estas hiran aqui damos ok

Seguimos con el boton de Sick and Vacation depende lo que nuestro negocio decidas si se les va pagar Sick Pay o Vacation Pay depende las horas que trabajan aqui se llena siempre verificar las reglas de los estados para estar seguros que no nos metamos en problemas cada estado es diferente

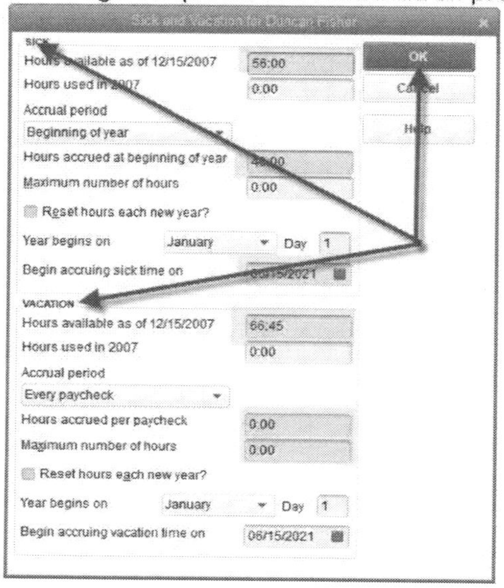

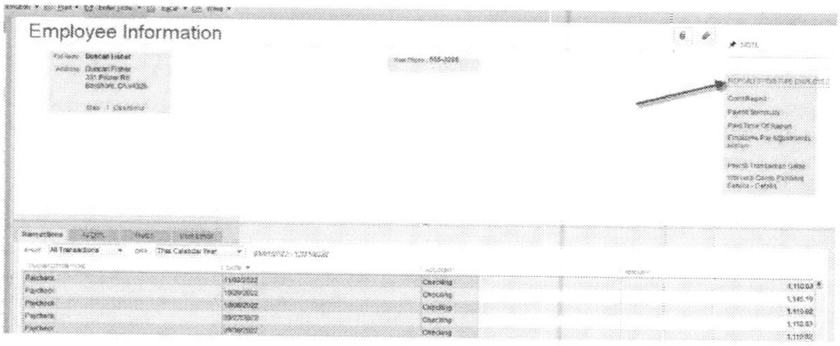

Ya cuando terminemos le damos ok y nos lleva a el Employee Center si miramos los demas empleados que tiene la compañia nos da imformacion como lo que vimos con vendors y Clientes
A la derecha arriba miramos que de aqui podemos ver varios reportes de este empleado si deseamos
En el menu miramos que podemos imprimir o procesar varias elementos

Si tenemos Payroll subscription con Quickbooks se nos aparecerea el la pestaña de empleados payroll atras de transactions o nos vamos a Eployees/Payroll Center para pagar empleados

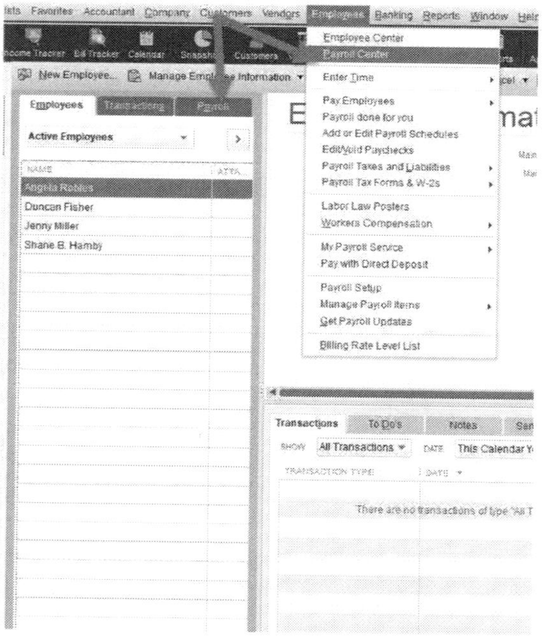

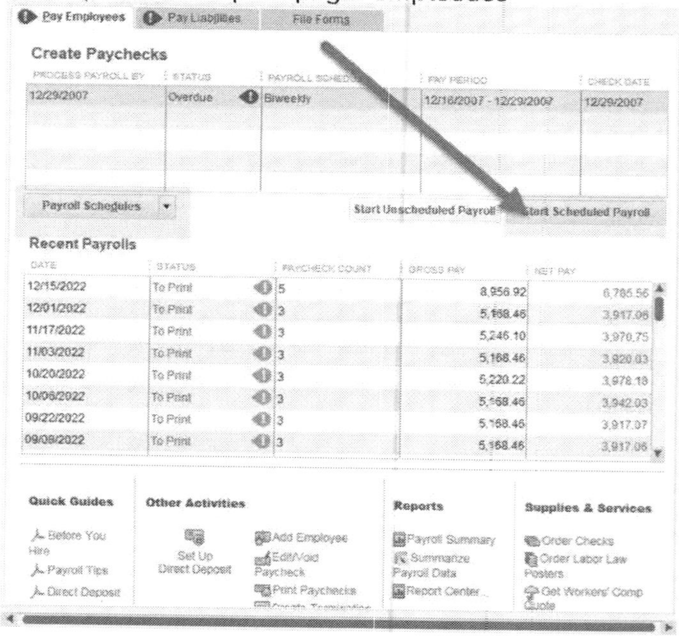

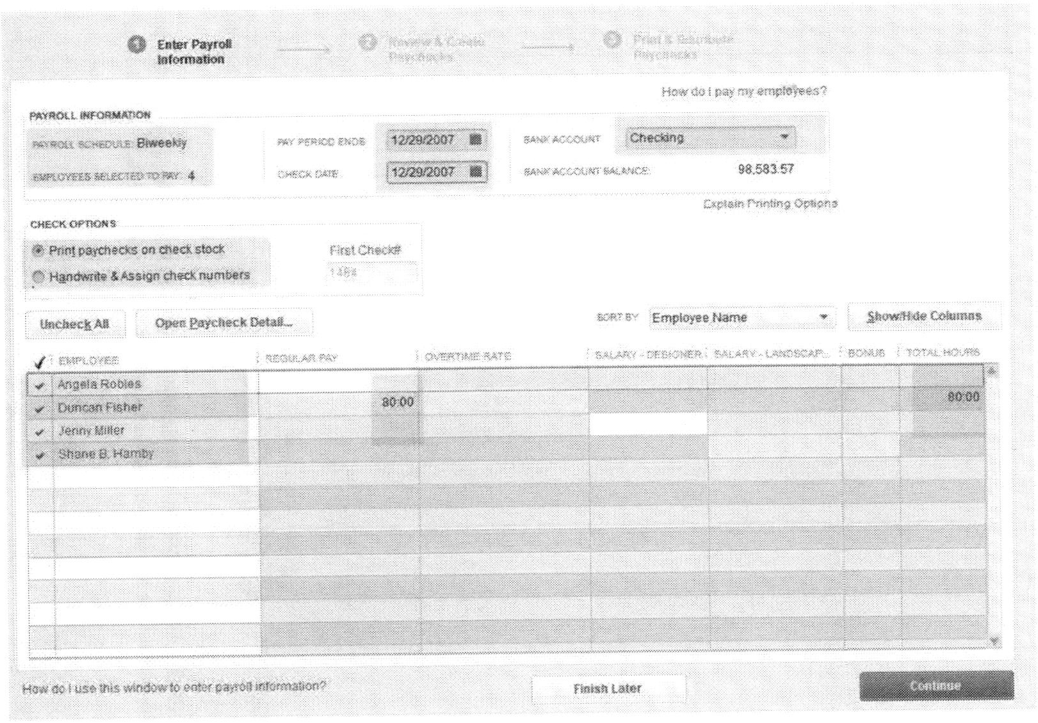

Verificamos que la informacion este correcta que la fechas esten correctas de donde va salir el dinero para pagar payroll si lo vas imprimi en checkes ya listos para imprimir si lo vas a escribir personalmente que todos los empleados esten en la lista en este ejemplo un empleado tiene pago regular por hora los demas son salario le damos continue

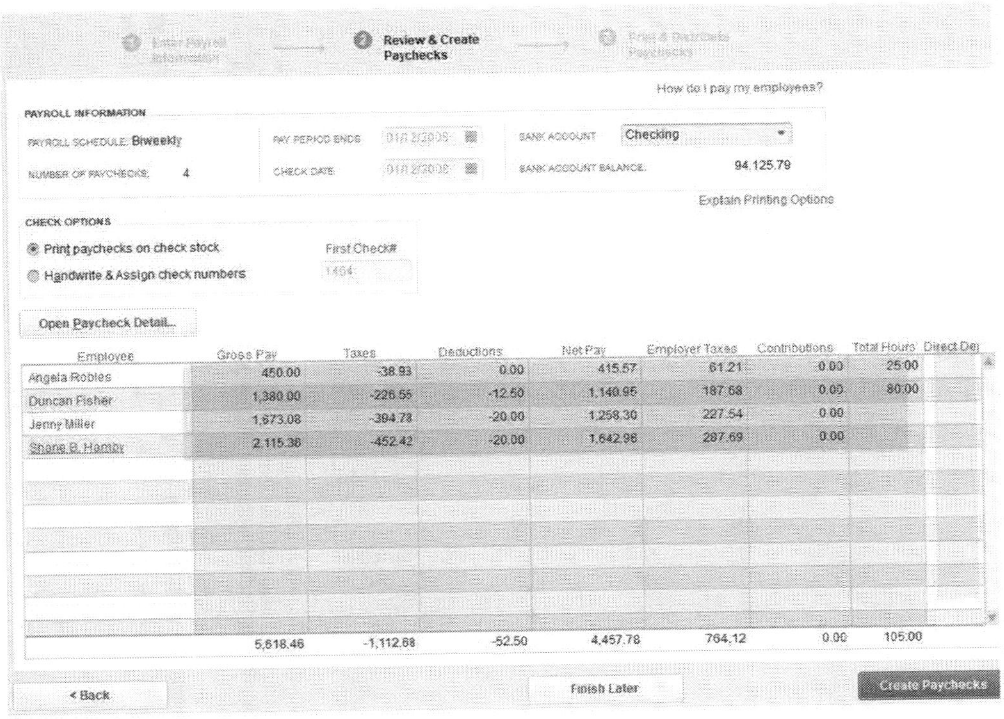

Miramos en esta ventana toda la informacion de el pago de cada empleado si tenemos Direct Deposit se mira en esta parte ya que verificamos le damos a Create paychecks

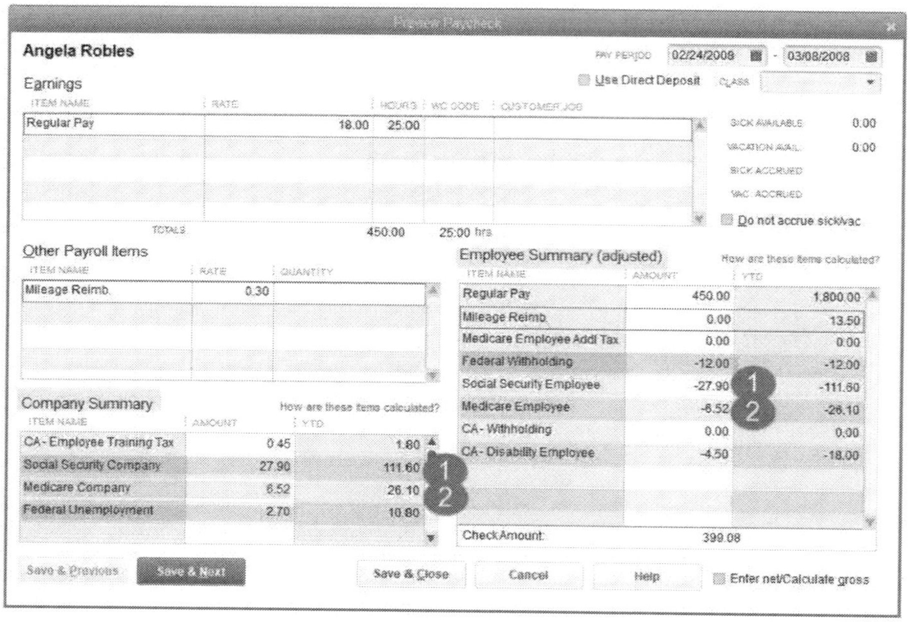

1

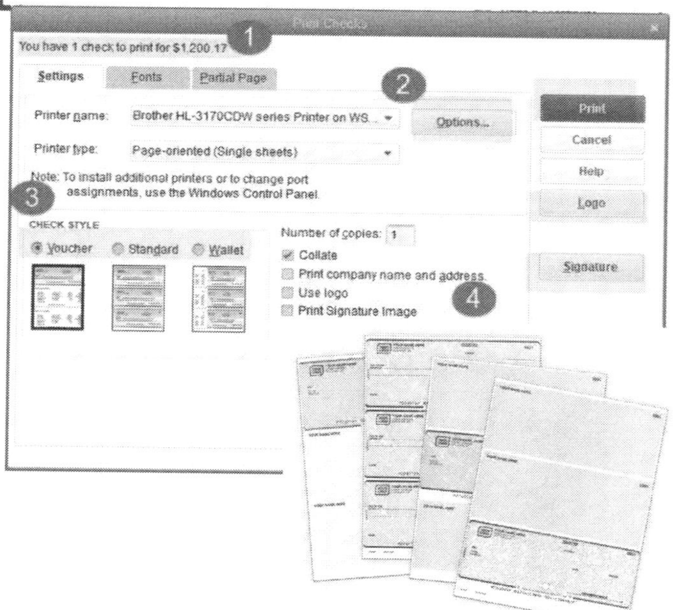

Escojemos Print checks si escogimos varios empleados o en este ejemplo solo uno

1. Aqui nos dice cuantos cheques vamos a imprimir
2. Escogemos la impresora donde vamos a imprimir el cheque si antemano escogimos que nosotros vamos a escribir nuestro propio cheque nos vamos solo a print pay stubs
3. Miramos cuales de los cheques o formato usaremos
4. Si compramos cheques ya impresos con la informacion de cuenta de banco pero no pusimos nuestro logo o direccion o deseamos poner una firma en forma de imagen aqui es donde damos una flechita y subimos la foto de tal

A pagar los taxes que deductamos de payroll

Ya miramos que se registraron en nuestro registro de cheques vamos a pagar las deduccione que tomamos dependiendo tu estado sea de mes a mes de quarter a quarter o anual miramos dos reportes para verificar que nuestros numeros esten correctos

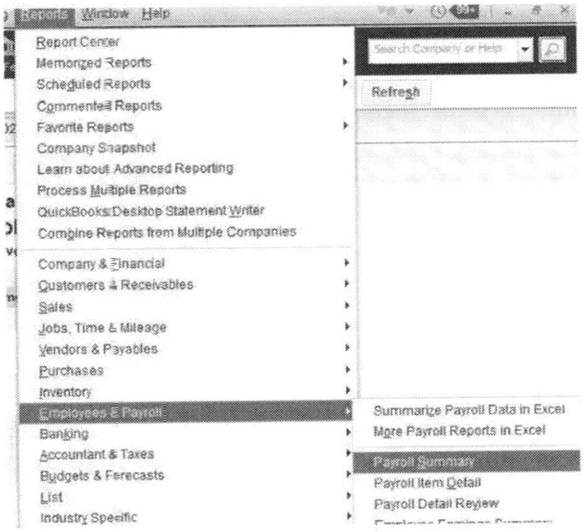

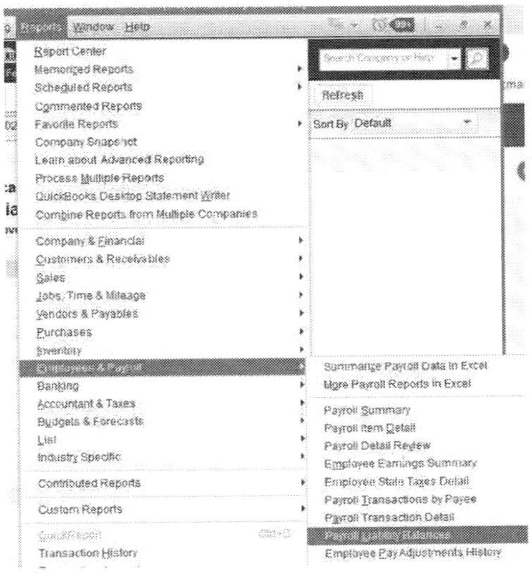

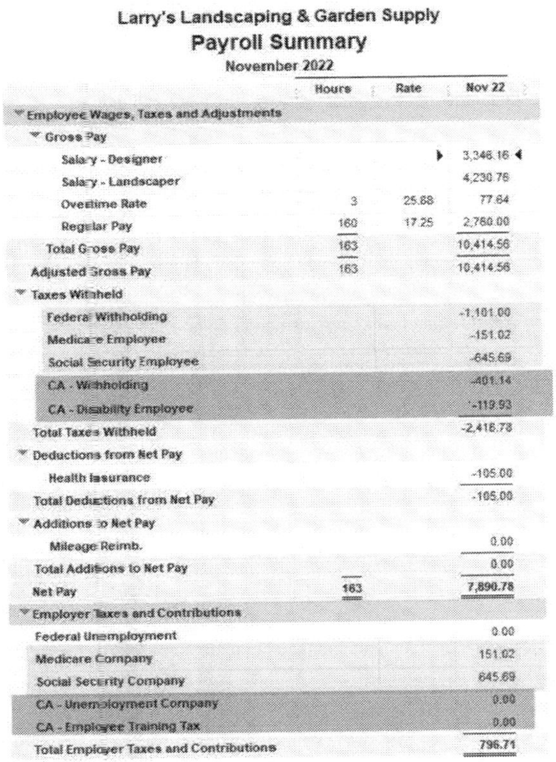

Larry's Landscaping & Garden Supply
Payroll Summary
November 2022

	Hours	Rate	Nov 22
Employee Wages, Taxes and Adjustments			
Gross Pay			
Salary - Designer			3,346.16
Salary - Landscaper			4,230.76
Overtime Rate	3	25.88	77.64
Regular Pay	160	17.25	2,760.00
Total Gross Pay	163		10,414.56
Adjusted Gross Pay	163		10,414.56
Taxes Withheld			
Federal Withholding			-1,101.00
Medicare Employee			-151.02
Social Security Employee			-645.69
CA - Withholding			-401.14
CA - Disability Employee			-119.93
Total Taxes Withheld			-2,418.78
Deductions from Net Pay			
Health Insurance			-105.00
Total Deductions from Net Pay			-105.00
Additions to Net Pay			
Mileage Reimb.			0.00
Total Additions to Net Pay			0.00
Net Pay	163		7,890.78
Employer Taxes and Contributions			
Federal Unemployment			0.00
Medicare Company			151.02
Social Security Company			645.69
CA - Unemployment Company			0.00
CA - Employee Training Tax			0.00
Total Employer Taxes and Contributions			796.71

Este reporte es solo de un mes si miramos la parte amarilla sera lo que se deducto de el federal cuando la rosa es lo que se deducto del Estado aqui siendo el Estado de California

Una vez mas necesitamos siempre verificar los numeros de deducciones pues especialmente el Federal esta cambiando continuamente

Dates: This Calendar Year | From 01/01/2022 | To 12/31/2022 | Show Columns: Month | Sort By: Default

Show Filters

12:09 PM

12/15/22

Larry's Landscaping & Garden Supply

Payroll Liability Balances

January through December 2022

	Feb 22	Mar 22	Apr 22	May 22	Jun 22	Jul 22	Aug 22	Sep 22	Oct 22	Nov 22	Dec 22	BALANCE
Payroll Liabilities												
Federal Withholding	-4.00	-4.00	-4.00	-4.00	-6.00	-4.00	-4.00	-4.00	-4.00	-4.00	1,527.80	1,481.00
Medicare Employee	0.00	0.00	0.00	0.00	0.00	0.00	0.00	0.00	0.00	0.00	204.81	204.81
Social Security Employee	0.00	0.00	0.00	0.00	0.00	0.00	0.00	0.00	0.00	0.00	875.78	875.78
Federal Unemployment	0.00	0.00	0.00	0.00	0.00	0.00	0.00	0.00	0.00	0.00	100.00	100.00
Medicare Company	0.00	0.00	0.00	0.00	0.00	0.00	0.00	0.00	0.00	0.00	204.31	204.81
Social Security Company	0.00	0.00	0.00	0.00	0.00	0.00	0.00	0.00	0.00	0.00	875.78	875.78
CA - Withholding	-5.72	-5.72	-5.72	-5.72	-8.58	-5.72	-5.72	-5.72	-5.72	-5.72	548.19	482.41
CA - Disability Employee	0.00	0.00	0.00	0.00	0.00	0.00	0.00	0.00	-49.93	-2.96	121.98	69.09
CA - Unemployment Comp...	0.00	0.00	0.00	0.00	0.00	0.00	0.00	0.00	0.00	0.00	100.00	100.00
CA - Employee Training Tax	0.00	0.00	0.00	0.00	0.00	0.00	0.00	0.00	0.00	0.00	20.00	20.00
Health Insurance	0.00	0.00	0.00	0.00	0.00	0.00	0.00	0.00	0.00	0.00	145.00	145.00
Total Payroll Liabilities	**-9.72**	**-9.72**	**-9.72**	**-9.72**	**-14.58**	**-9.72**	**-9.72**	**-9.72**	**-59.65**	**-12.68**	**4,723.35**	**4,558.68**

Este reporte fue anual pero si miramos que todos los demas meses estan en 0 cual quiere decir que ya estan pagados pero miramos el de Diciembre que es lo que se deve de pagar este mes y el balance al lado

To start, click the **File Forms** tab in the **Payroll Center**.

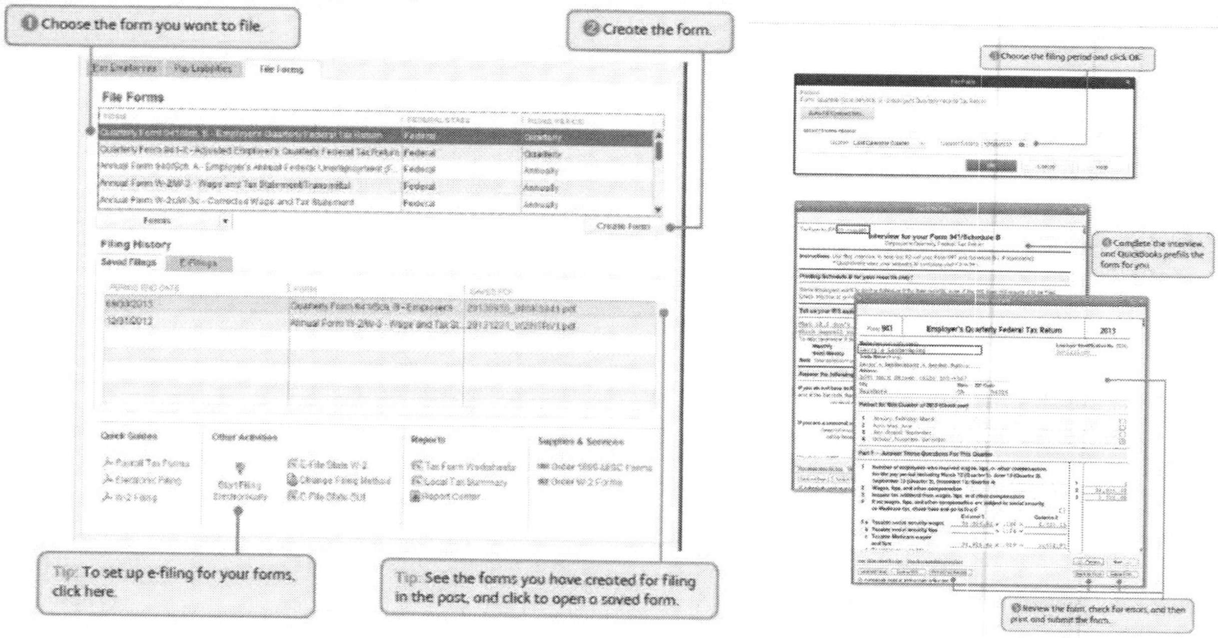

Si deseas Hacer Payroll manualmente o no usas el otra compañia de payroll tendras que activar el Payroll para hacerlo manualmente tenemos que modificarlo en Quickbooks para hacerlo manualmente. Con los Siguientes pasos

Despues del 2020 te vas a preferencias y debajo de payroll and employees y company preferences escojes Manual Payroll

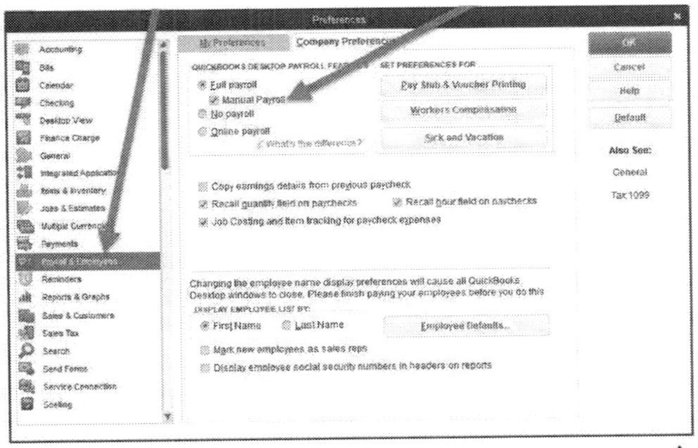

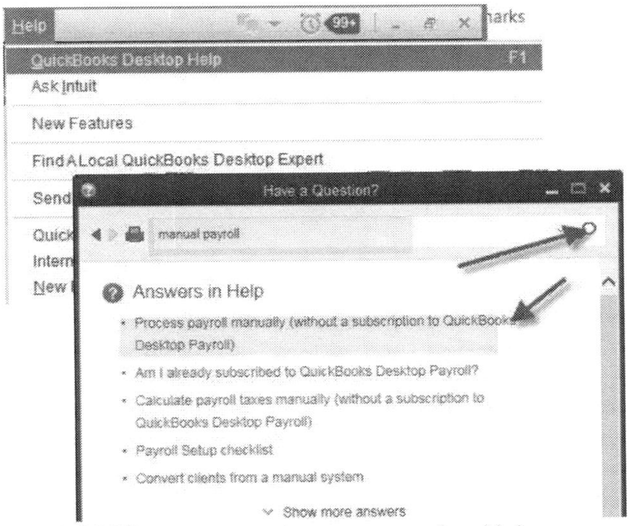

Antes del 2020 programas tenemos que ir a Help Escribir Manual Payroll en look up

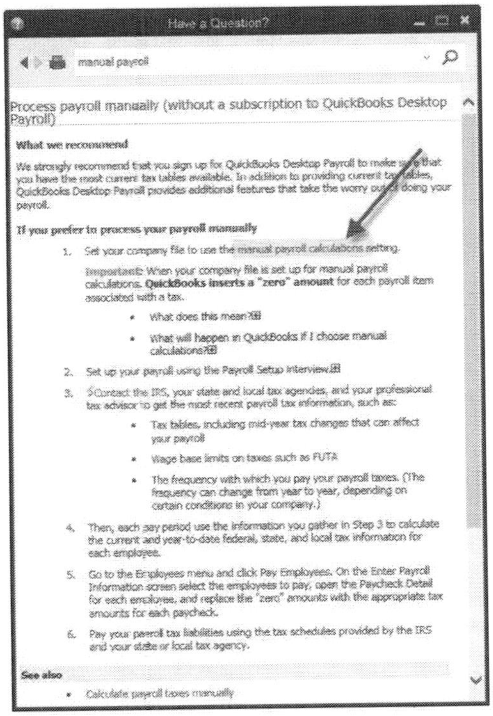

Escojer Manual payroll calculations despues set my company file to use Manual calculations y escojer que si deseas hacerlos en manual

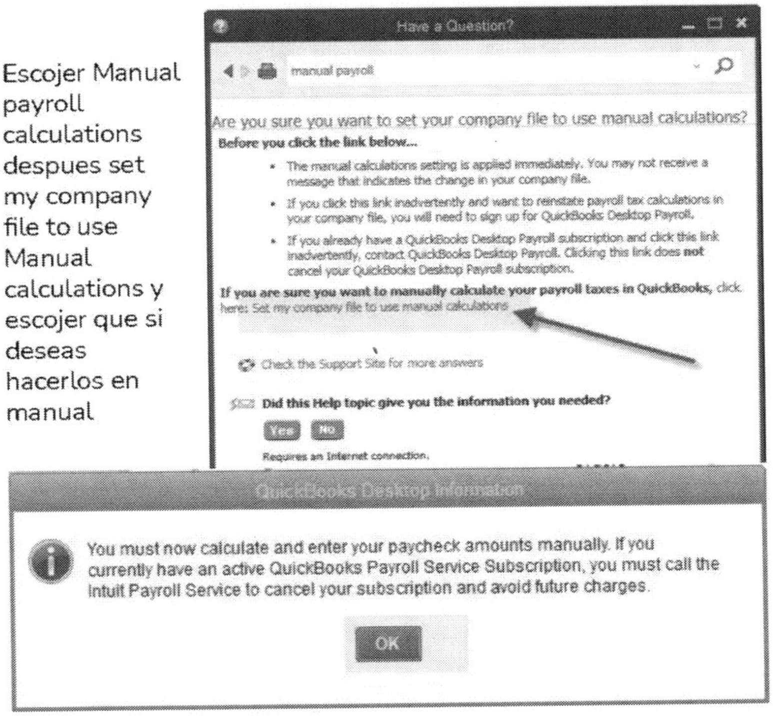

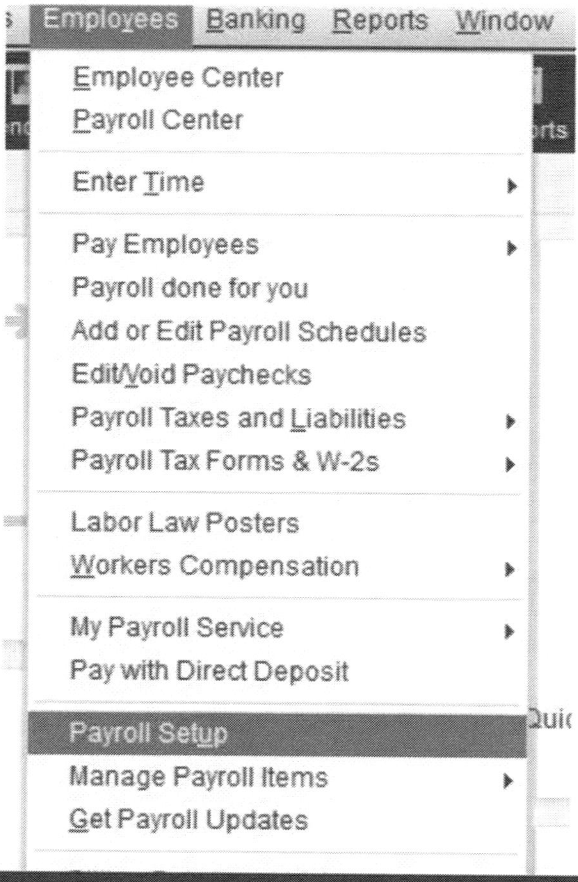
Employees
Banking
Reports
Window
Employee Center
Payroll Center
Enter Time
Pay Employees
Payroll done for you
Add or Edit Payroll Schedules
Edit/Void Paychecks
Payroll Taxes and Liabilities
Payroll Tax Forms & W-2s
Labor Law Posters
Workers Compensation
My Payroll Service
Pay with Direct Deposit
Payroll Setup
Manage Payroll Items
Get Payroll Updates

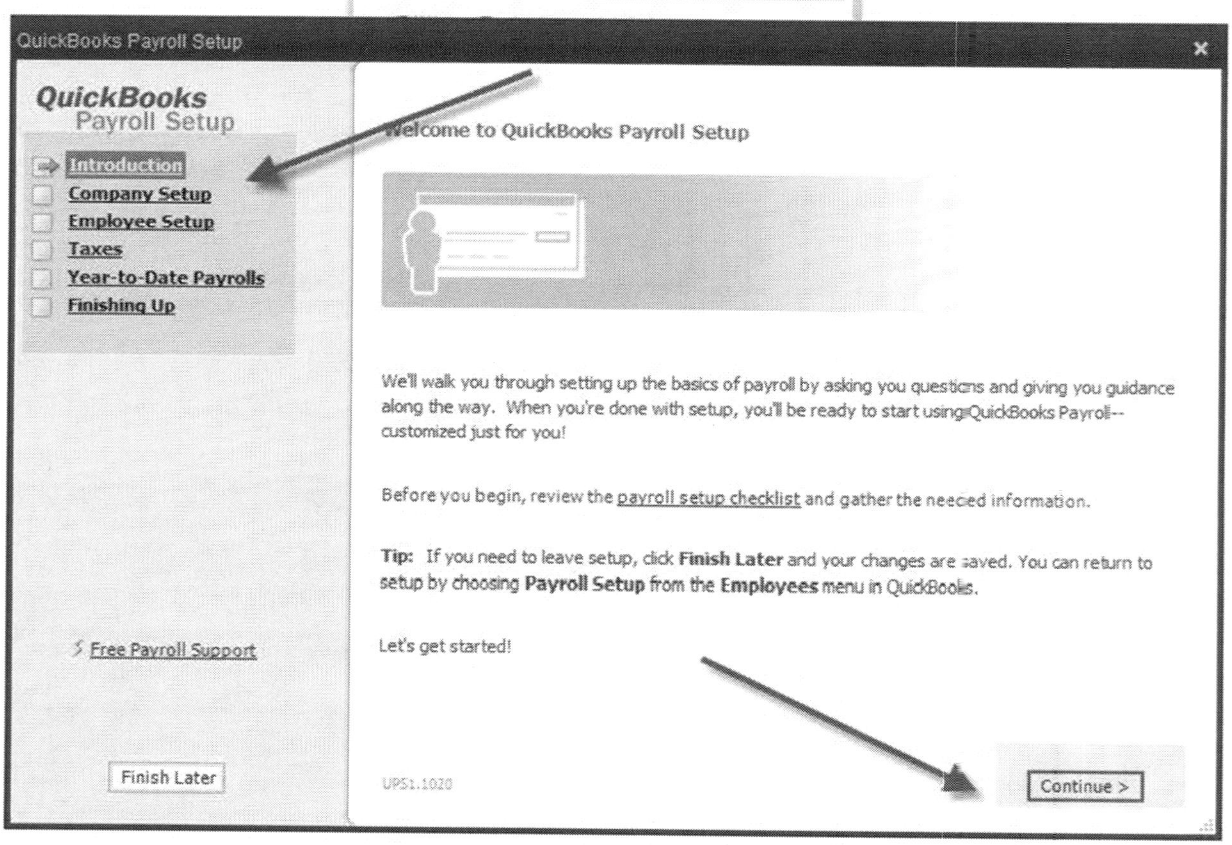
QuickBooks Payroll Setup
QuickBooks
Payroll Setup
Introduction
Company Setup
Employee Setup
Taxes
Year-to-Date Payrolls
Finishing Up
Free Payroll Support
Finish Later
Welcome to QuickBooks Payroll Setup
We'll walk you through setting up the basics of payroll by asking you questions and giving you guidance along the way. When you're done with setup, you'll be ready to start using QuickBooks Payroll--customized just for you!
Before you begin, review the payroll setup checklist and gather the needed information.
Tip: If you need to leave setup, click Finish Later and your changes are saved. You can return to setup by choosing Payroll Setup from the Employees menu in QuickBooks.
Let's get started!
UPS1.1020
Continue >

7. Sales Tax (impuestos de Ventas)

A. Descripcion de los impuestos que se cobran al hacer ventas
B. Creacion de Sales Taxes
C. Descripcion de Taxes de condado a condado y Estados
D. Como pagar los Taxes al Condado

Cada estado y cliente es diferente y tenemos que decirle a Quickbooks como cobrar Sales Tax
Cada vez que cobramos taxes deveran ser mandados a los departamentos correctos
Varios Condados tienen taxes igual que el estado tiene taxes cada condado y ciudad es diferente
verificar bien con tu contador o la oficina de taxes de lo que deverias estar cobrando

https://www.cdtfa.ca.gov/taxes-and-fees/rates.aspx

California Department of Tax and Fee Administration (CDTFA).
Ejemplo si estas vendiendo jugetes tienes que cobrar tax
Si estas vendiendo diseños Graficos no se cobra taxes
Los taxes en California son un poquito complicados que en otros estados por que son diferentes de ciudad a ciudad para ver cuanto es tu tax donde vives

https://www.taxjar.com/sales-tax-calculator/

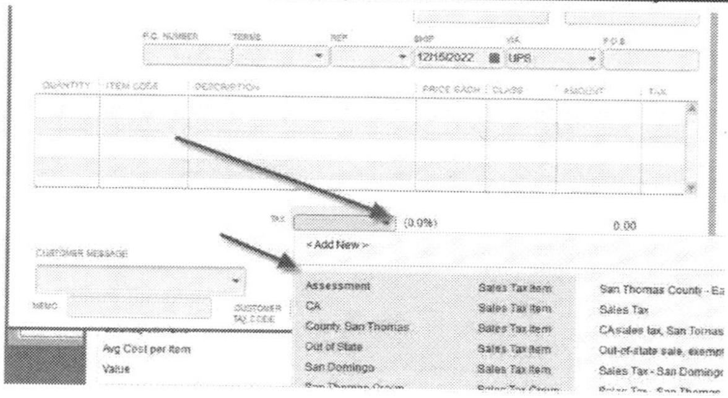

Cuando vamos a invoice miramos que solo podemos poner un digito de sales tax pero en quickbooks podemos poner en un grup varios reditos de taxes si haci lo deseamos Nos vamos a Items&Sevices

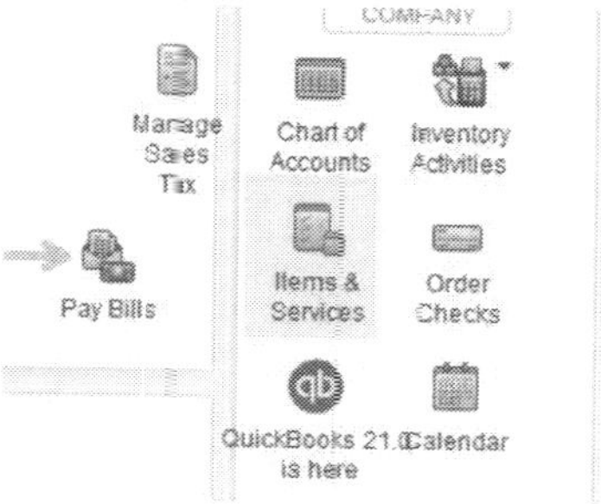

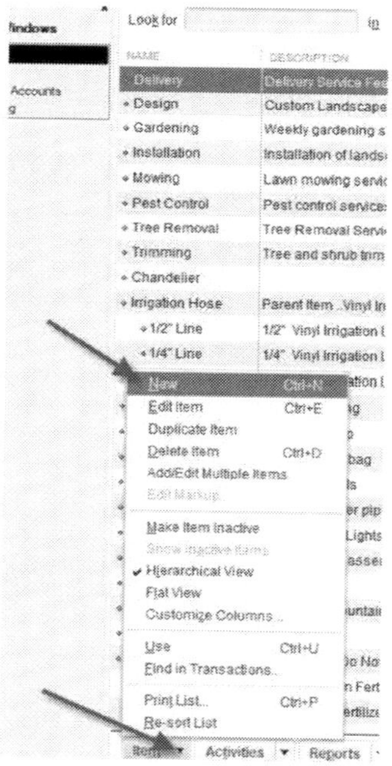

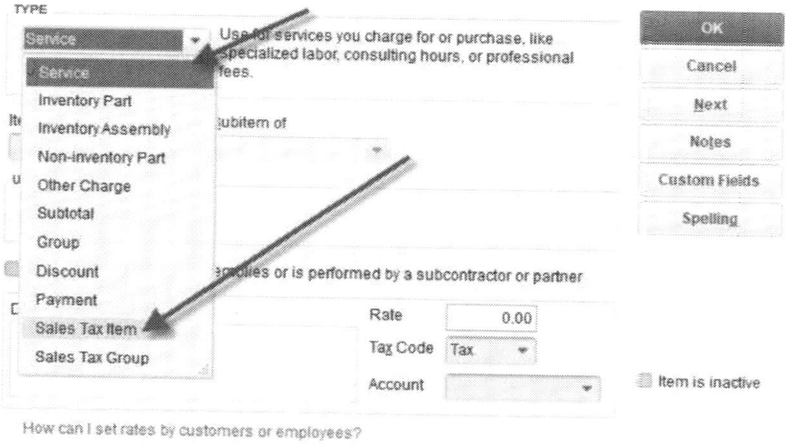

Depende de tu direccion de negocio o si tienes varias tiendas pude ser que los taxes varien de condado a condado podemos poner solo un numero para Sales Tax o podemos conbinarlos si lo deseamos o si tenemos que pagarlos por separado a los departamentos apropiados

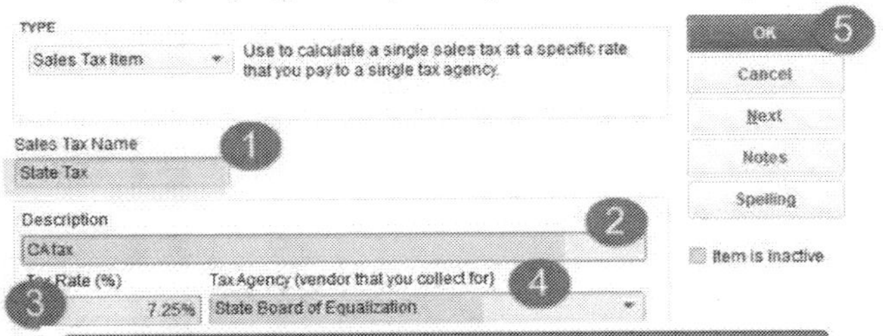

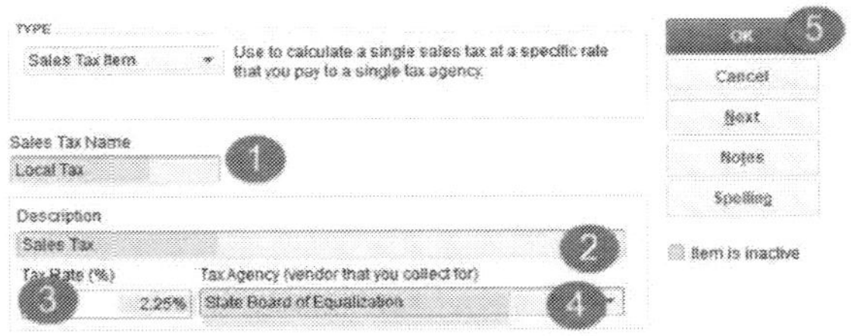

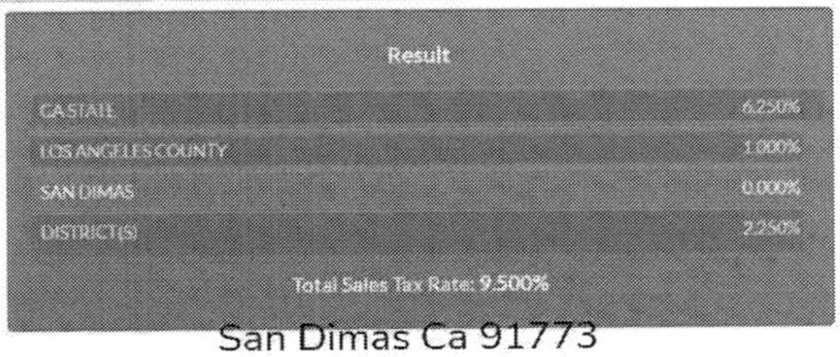

San Dimas Ca 91773

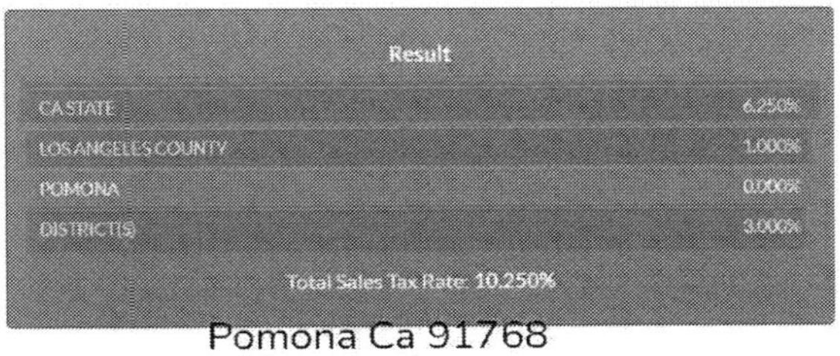

Pomona Ca 91768

1. Usamos el nombre que pondremos en el invoice
2. La descripcion
3. El porcentage
4. A el provedor que le pagaremos
5. Damos click ok

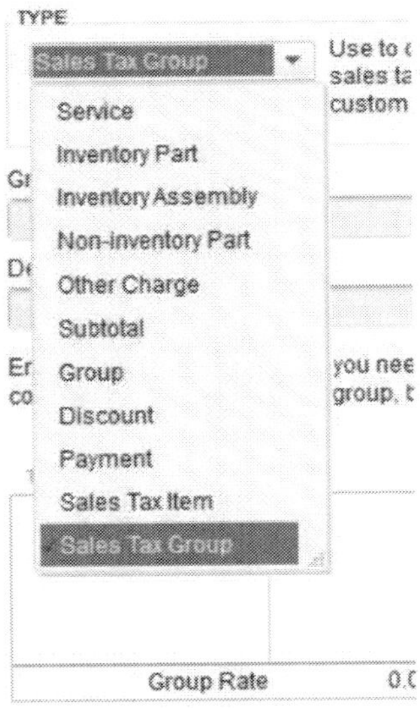

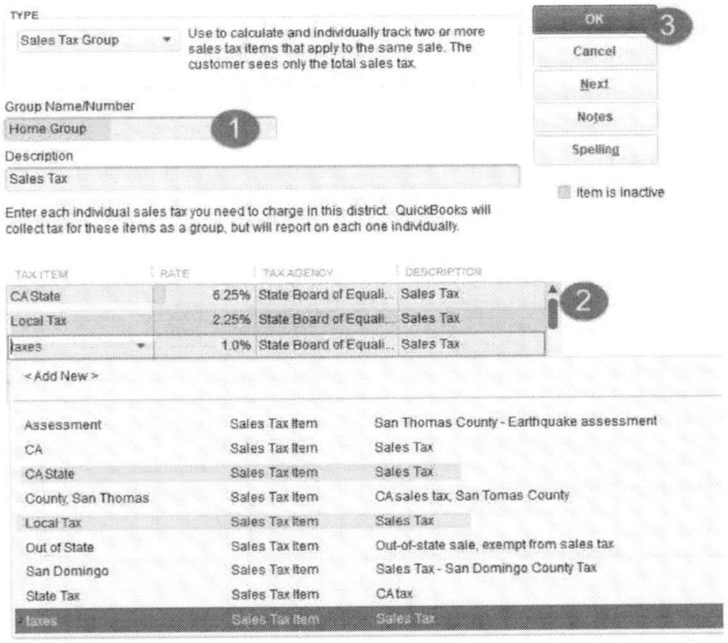

1. Usamos el Nombre del grupo puede ser cualquier nombre
2. Escojemos los que queramos agrupar
3. Hacemos Click Ok

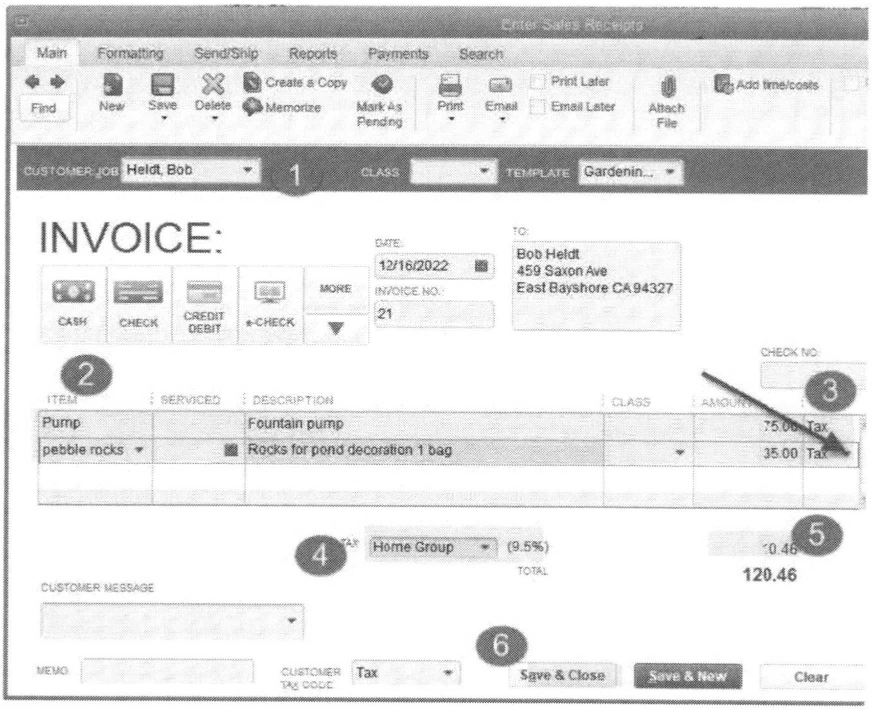

Ya que agrupamos los taxes los podemos usar en grupos en el invoice o recivo para el cliente

1. Escojemos el cliente
2. Escojemos lo que vamos a venderle verificando que si es producto y es taxable
3. Si por casualidad ves un producto que piensas que si deve llevar taxes o no deve llevar dandole click a la flecha nos da la opcion para cambiarlo pero solo para este invoice si miramos que no deve llevarlo es mejor corregirlo en la lista de Items & services
4. Escojemos de la flecha el tax que hicimos de group
5. Miramos que se le cobro correctament
6. Hacemos click Save and Close

Vamos a correr Reportes y pagar los taxes

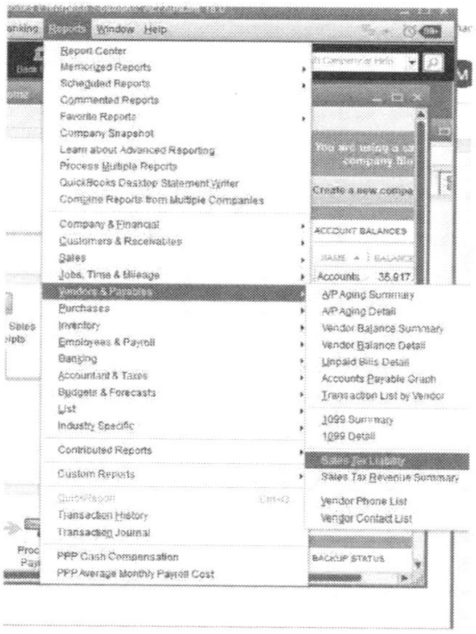

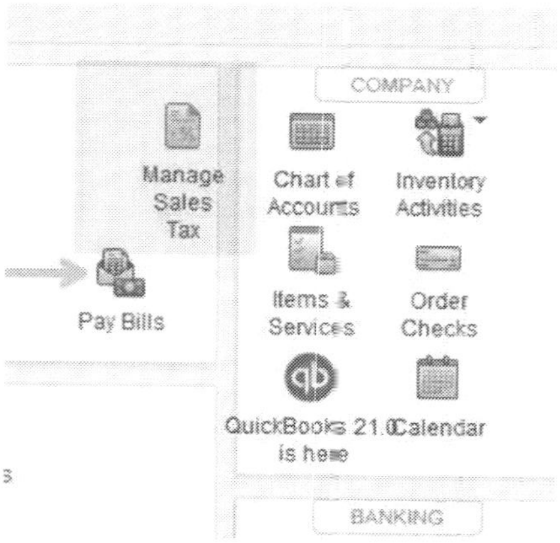

8. Extras de Quickbooks

A. Como tener seguimiento del millage de nuestro negocio
B. Registrando Entradas en el Journal Entries
C. Descripcion de Transacciones Seguidas de Mes a Mes (recurring Transactions)
D. Repaso y Preguntas

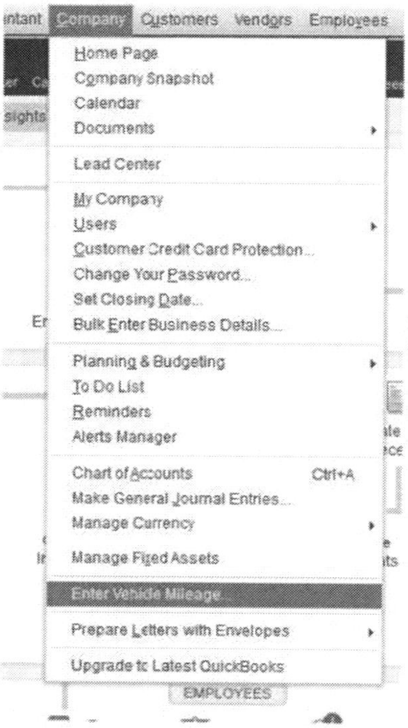

En quickbooks Desktop es un poquito diferente es mas manual que Automatico pero sirve de la misma manera para saber la millas que usamo para el negocio

Nos vamos a Company del la pagina principal del menu
Buscamos Enter Vehicle Mileage
Se nos abrira otra ventanilla

Miramos el menu de arriba donde tenemos el spell check la lista de vehicles donde podemos poner la descripcion de nuetro auto o editar ya uno en la lista
Tenemos El precio por millas aqui no es automatico tenemos que ponerlo manualmente y necesitamos verificar con el IRS o nuestro contador de el actual precio fijo para deduccion y tenemos los reportes de carros por millas o clientes por millas cobradas

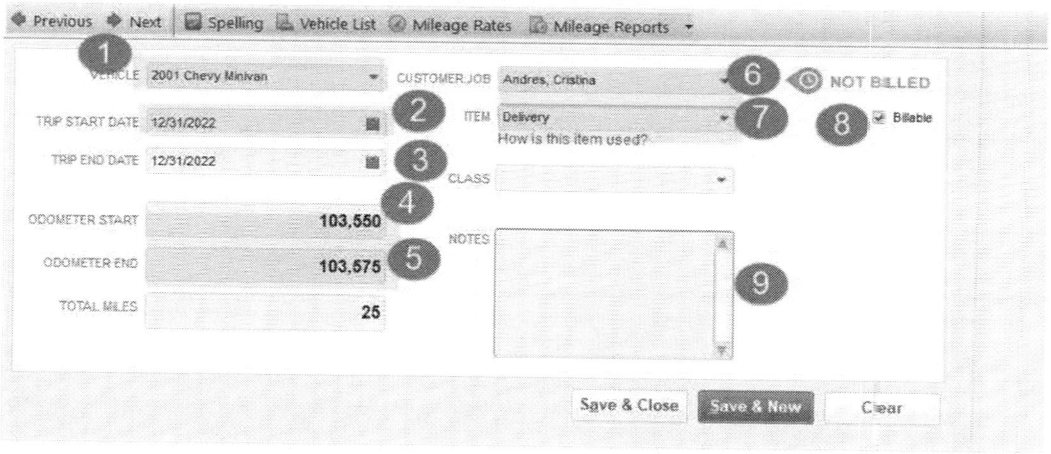

1. Buscamos el Auto que usaremos
2. La fecha que empesamos
3. La fecha que terminamos
4. Las millas que esta en el tablero al empesar
5. Las millas que esta en el tablero al terminar
   Nos da automaticamente el total de millas

6. Si le cobramos al Cliente o tenemos el cliente que visitamos
7. Para que fue el viaje
8. Si se le va cobra al cliente
9. Notas

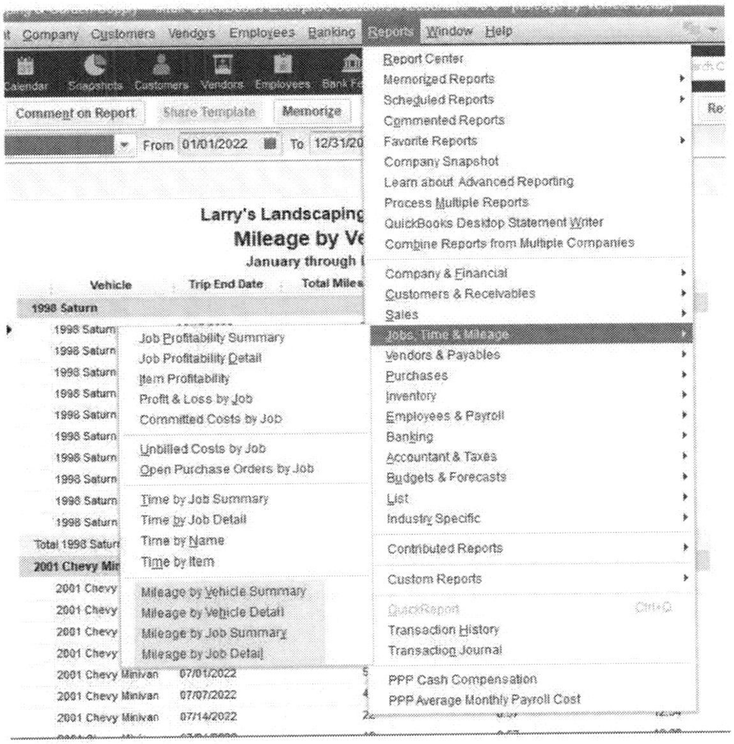

Nos vamos a Reports
Jobs time and Mileage
Nos da varias opciones de reporte por millas
Por Auto
Por Auto detallado
Por Trabajo o cliente
Por trabajo o cliente detallado

Larry's Landscaping & Garden Supply

Mileage by Vehicle Detail

January through December 2022

Vehicle	Trip End Date	Total Miles	Mileage Rate	Mileage Expense
1998 Saturn	06/19/2022	16	0.57	9.12
1998 Saturn	06/19/2022	15	0.57	8.55
1998 Saturn	07/12/2022	11	0.57	6.27
1998 Saturn	07/14/2022	88	0.57	50.16
1998 Saturn	07/18/2022	19	0.57	10.83
1998 Saturn	08/13/2022	49	0.57	27.93
1998 Saturn	08/14/2022	32	0.57	18.24
1998 Saturn	08/15/2022	66	0.57	37.62
Total 1998 Saturn		379		216.03
2001 Chevy Minivan				
2001 Chevy Minivan	06/11/2022	77	0.57	43.89
2001 Chevy Minivan	06/13/2022	81	0.57	46.17
2001 Chevy Minivan	06/16/2022	92	0.57	52.44
2001 Chevy Minivan	06/19/2022	63	0.57	35.91
2001 Chevy Minivan	07/01/2022	54	0.57	30.78
2001 Chevy Minivan	07/07/2022	45	0.57	25.65
2001 Chevy Minivan	07/14/2022	22	0.57	12.54
2001 Chevy Minivan	07/21/2022	19	0.57	10.83

Sesión de preguntas y respuestas.

EMPREDEDOR DE NEGOCIOS

- LO QUE ME INSPIRA

- PORQUE QUIERO EMPESAR UN NEGOCIO

- A QUIEN QUIERO AYUDAR Y PORQUE

- DEFINE TU CLIENTE PERFECTO

HOMBRE/MUJER/LOS DOS

SOLTERO/CASADO

RANGO DE EDAD

TIENEN HIJOS? TIENEN HIJOS

CUANTO GANAN O STATUS FINANCIAL?

DONDE TRABAJAN O SI TRABAJAN O NO?

QUE LOS ESTA MOTIVANDO?

CON QUE ES LO QUE MAS TIENS CONFLICTOS?

- QUE TE HACE UNICO? QUE ES LO QUE TE HACE ESPECIAL QUE PUEDES OFRECERLE AL CLIENTE

Seguimiento de Cuentas

BANCO	# DE CUENTA	SALDO INICIAL

FECHA	DESCRIPCION	DEPOSITO	RETIRO	BALANCE

Equipement List

ITEM	DETIALS	$

ENERO

Mis finanzas

DI	CONCEPT	INGRESO	EGRES	TOTA

FEBRERO

Mis finanzas

DÍA	CONCEPT	INGRESO	EGRESO	TOTA

MARZO

Mis finanzas

DÍA	CONCEPTO	INGRESO	EGRESO	TOTA

ABRIL

Mis finanzas

DÍA	CONCEPT	INGRESO	EGRES	TOTA

MAYO

Mis finanzas

DÍA	CONCEPT	INGRESO	EGRES	TOTA

JUNIO

DÍ	CONCEPT	INGRESO	EGRES	TOTA

JULIO

Mis finanzas

DÍA	CONCEPTO	INGRESO	EGRESO	TOTAL

AGOSTO

Mis finanzas

DÍA	CONCEPT	INGRESO	[illegible]	TOTA

SEPTIEMBRE

Mis finanzas

DÍA	CONCEPT	INGRESO	EGRESO	TOTA

OCTUBRE

Mis finanzas

DI	CONCEPT	INGRESO	[illegible]	TOTA

NOVIEMBRE

Mis finanzas

DÍ	CONCEPT	INGRESO	EGRES	TOTA

DICIEMBRE

Mis finanzas

DIA	CONCEPT	INGRESO	EGRES	TOTA

expense tracker

date	description	amount	want	need	card	cash

Ventas Mensuales LISTA

MONTH ______________________

FECHA	ARTICULO VENDIDO	#ORDEN	PRCIO	COSTO	TARIFA	GAÑANCIA

VISTA MENSUAL

	PLANEADO	ACTUAL	+/-
INGRESOS			
GASTOS			
AHORROS			
DEAUDAS			
TOTAL			

METAS

1
2
3
4
5

GASTOS PROXIMOS

NOTAS

PRESUPUESTO

INGRESOS	PLANEADO	ACTUAL	+/-
TOTAL			

GASTOS	PLANEADO	ACTUAL	+/-
GASTOS FIJOS			
GASTOS VARIABLES			
TOTAL			

MIS GASTOS

Fijos

DÍA CONCEPT	ENERO	FEBRERO	MARZO
CORTE MENSUAL			
INGRESOS			
EGRESOS			
TOTAL			

MIS GASTOS

Fijos

DÍA CONCEPTO	ABRIL	MAYO	JUNIO
CORTE MENSUAL			
INGRESOS			
EGRESOS			
TOTAL			

MIS GASTOS

Fijos

DÍA CONCEPTO	JULIO	AGOSTO	SEPTIEMBRE
CORTE MENSUAL			
INGRESOS			
EGRESOS			
TOTAL			

MIS GASTOS

Fijos

DÍA / CONCEPTO	OCTUBRE	NOVIEMBRE	DICIEMBRE
CORTE MENSUAL			
INGRESOS			
EGRESOS			
TOTAL			

Gastos LA LISTA

FECHA	CATEGORIA	DESCRIPCION	CANTIDA	BALANCE

Ingresos LISTA

FECHA	ORIGEN	DESCRIPCION	CANDITAD

Vendedores Lista

COMPANIA	CONTACTO	ARTICULO	TELEFONO	CORREO

Inventario DE ARTICULOS

FECHA	ARTICULO	VENDEDOR	PRECIO	CANTIDAD DISPONIBLE	CANTIDAD EN ORDEN	DIA DE ORDENAR

Millas SEGUIDOR

FECHA	DETALLE DE VIAJE	COMIENZO	FINAL	TOTAL

Registro DE TIEMPO

ACTIVIDAD	TIEMPO DE COMIENZO	TIEMPO FINAL	TIEMPO TOTAL

The In's & Out's

INCOME & EXPENSES

Month: ____________________

NAME	DETAILS	DATE	PAYMENT METHOD	AMOUNT

EXPENSE	DETAILS	DATE	PAYMENT METHOD	AMOUNT

INCOME TOTAL	

EXPENSE TOTAL	

Trabajando LAS META S

metas son las semillas de grandeza

META DE NEGOCIO PLAZO LARGO

META DE UN AÑO

PORQUE ESTA META ES IMPORTANTE PARA MI

COME SERA MI VIDA CUANDO LO LOGRE

Habitos

HABITOS Y RUTINAS QUE ME AYUDE A LLEGAR A MI META:

ACCIONES PRA LLEGAR A MI META EN UN AÑþ **ESTOS MESES TRABAJARE EN MI META**

	E	F	M	A	M	J	J	A	S	O	N	D

AL FIN DEL AÑO EVALUA TU RESULTADO, ESTABLECE UNA NU EVA META Y TOMA LOS SIGUIENTES PASOS NECESARIOS PARA TOMAR ACCION Y MANTENERTE EN TU META LA LARGO PLAZO

PEDIDO

FECHA:	
PEDIDO #:	
NOMBRE:	
CONTACTO:	

CANTIDAD	DESCRIPCIÓN	PRECIO
	TOTAL:	

ANTICIPO: ______ POR PAGAR: ______

FECHA:	
PEDIDO #:	
NOMBRE:	
CONTACTO:	

CANTIDAD	DESCRIPCIÓN	PRECIO
	TOTAL:	

ANTICIPO: ______ POR PAGAR: ______

PEDIDO

FECHA:

PEDIDO #:

NOMBRE

CONTACTO

DIRECCIÓN DE ENVÍO:

PAQUETERÍA: CLAVE DE

RASTREO:

DETALLES DEL PEDIDO

NOTAS:

SUBTOTAL:	
+ENVÍO:	
+VA:	
-DESCUENTO:	
TOTAL	
-ANTICIPO:	
POR PAGAR:	

Hoja de calculo de precios

Producto

____

seccion

____

#Tags

____
____
____
____

COSTO DE PRODUCCION

TIEMPO DE PRODUCIR	PRECIO POR HORA	TOTAL

COSTO DE MATERIAL

MATERIALES	COSTO/UNIDAD	UNIDADES USADAS	TOTAL

OTROS COSTOS

COSTO	COSTO/UNIDADES	UNIDADES USADAS	TOTAL

COSTO TOTAL

LABOR ______________________________
MATERIALES ______________________________
OTRAS ______________________________
TOTAL ______________________________

CALCULANDO EL PRECIO

COSTO DE PRODUCCION ______________________________
PRECIO POR MAYOREO ______________________________
PRECIO AL PUBLICO ______________________________

Glosario/Glossary

El presente glosario, es terminología generalmente usada en **QuickBooks** ®, al entender el vocabulario, esperemos se les hagas más fácil comprender los procesos de registro del programa, se traduce al español los términos más usado en el programa.

ACCOUNT = CUENTA:

ENG: It is the accounting instrument used to reflect the increases and decreases of the assets, liabilities, equity, income, and expenses as result of the transactions of the company. Each transaction produces changes in value; they have to be registered; the numeric instrument used is the **account**.

ESP: Cada transacción produce un cambio y estos cambios deben registrarse, la representación numérica utilizada en la contabilidad para reflejar esos cambios de acuerdo a su naturaleza es lo que se denomina **cuenta.**

ACCOUNTING = CONTABILIDAD:

ENG: is a service-based profession that provides reliable and relevant financial information useful in making decisions. Accounting also represents the process of recording, measuring, interpreting, and communicating financial data.

ESP: El Instituto Americano de Contadores Públicos Certificados (AICPA), define la Contabilidad como: "La Contabilidad es el arte de registrar, clasificar y resumir de manera significativa y en términos de dinero, transacciones y eventos que son en parte, por lo menos, de carácter financiero e interpretar los resultados de estos".

ACCOUNTING PERIOD – PERIODO CONTABLE:

ENG: Constituted by the interval that goes since the transaction register, until the registered information is used to prepare the financial statements to show the results in this period. It is the normal calendar duration for reporting of financial information.

ESP: Un ciclo contable es el periodo de tiempo que empieza desde el momento en que una transacción se registra de manera cronológica y sistemática hasta el momento en que esta información es utilizada por los Estados Financieros. Normalmente un ciclo contable es de un año, pero dependiendo de las necesidades de la empresa pueden ser mensuales, trimestrales y semestrales.

ACCOUNTS PAYABLE = CUENTAS POR PAGAR:

ENG: Money owed by the business to suppliers; amounts owed to others (creditors) for the purchases on credit of goods and services

ESP: Es el dinero que la empresa debe a otros como consecuencia de la adquisición de bienes y servicios

ACCOUNTS RECEIVABLE = CUENTAS POR COBRAR:

ENG: Money owed by customers to the business; amounts owed to a business as result of goods and services sold on credit.

ESP: Es el importe de dinero que los clientes deben a la empresa como resultado de los bienes y productos ofrecidos y vendidos a crédito.

ASSETS = ACTIVOS:

ENG: Are all property or resources that an individual or company possesses

ESP: Un activo son todos los bienes o recursos que la empresa posee y que es susceptible de convertirse en dinero

BALANCE SHEET = BALANCE GENERAL:

ENG: Is a financial statement that shows the assets, the debits, and the capital at one point in time. Reflects value of goods owned (ASSETS) the debts owed to others (LIABILITIES), and the difference is the amount owed to the owners (NET WORTH or OWNER'S EQUITY).

ESP: Es el estado financiero que refleja la situación de la empresa en un momento determinado; mostrando contablemente los Activos (lo que la empresa posee), los Pasivos (Lo que la empresa debe) y el Patrimonio (lo que la empresa posee que no debe)

BANK - BANCO:

ENG: Is a Financial Institution authorized by government to perform financial services like accept deposits, pay interest, clear checks, make loans, act as an intermediary in financial transactions, and provide other financial services to its customers.

ESP: Entidad **financiera** que se dedica a la administración de **dinero**. El banco ofrece servicios como depósitos de dinero, cheques, préstamos de **capital, intermediarios en transacciones financieras, etc**.

BANK ACCOUNT = CUENTA DE BANCO:

ENG: Money deposited in a bank and subject to withdrawal by the depositor. The establishment of corporate checking and savings accounts should take place by corporate resolution.

ESP: Es la cuenta que representa el dinero depositado en las entidades bancarias y que es utilizado en las transacciones de la empresa

BANK RECONCILIATION = CONCILIACION BANCARIA:

ENG: Is the process to compare bank information (from bank statements) with the company's records (Banks accounts), the bank statements is used for this process.

ESP: La conciliación bancaria no se debe considerar como registro contable, sino que es una importante herramienta de control interno del efectivo. Es un proceso por el cual se comparan los valores y las transacciones que la empresa ha realizado y que están reflejados en cuentas de Banco, con los valores y transacciones que el banco muestra en los estados bancarios.

BANK STATEMENT = ESTADO DE CUENTA BANCARIO:

ENG: A statement that shows the balance in a bank account at the beginning of the month, the deposits, the checks paid and other debits and credits during the month, and the balance at the end of the month.

ESP: Reporte que muestra el balance en la cuenta de banco al principio del mes y como ha variado por las transacciones y operaciones realizadas: depósitos, cheques y otros débitos y créditos realizados en el mes y que determinan la diferencia al final del mes.

CASH = EFECTIVO:

ENG: Cash is the liquid asset on the balance sheet. In accounting, everything equals to cash on hand, paper currency, coins, bank balances, negotiable money orders, and checks.

ESP: El dinero es el elemento más líquido que posee la empresa. En contabilidad es todo lo que sea efectivo en caja, dinero, monedas, balances del banco, documentos negociables, etc.

CHART OF ACCOUNTS = PLAN o LISTADO DE CUENTAS:

ENG: Is the classification system that shows the accounts structure in accordance with their nature: Assets, Liabilities, Equity, Income and Expenses, that are used for recording accounting transactions.

ESP: Es el sistema de clasificación de las cuentas de activo, pasivo, capital, ingresos y egresos de acuerdo a la estructura y función que realiza la empresa; se utilizan para el registro de las operaciones de la empresa

CREDIT = CREDITO:

ENG: In accounting, is an entry on the right side of an account: that increases a liability, owner's equity or income, or an entry that decreases an asset or an expense.

ESP: En contabilidad, es la entrada que se hace el lado derecho de una cuenta: incrementa un pasivo, el patrimonio o un ingreso, o si es un activo o un egreso lo disminuye

CHECK = CHEQUE :

ENG: Payment authorization pure and simple, negotiable instrument that authorizes a bank to pay money to the payee. A check identifies the date of issue, payee name and amount, and is signed by the issuer.

ESP: Un cheque es una autorización de pago escrito que autoriza al banco pagarle a la persona que lo recibe la cantidad de dinero que está estipulada en el documento.

DEBIT = DEBITO:

ESP: In accounting, an entry, that increases an asset, an expense, or an entry that decreases liabilities, owner's equity, or increases an income.

ENG: En contabilidad es una entrada que incrementa un activo, un gasto, o una entrada que representa una reducción de un pasivo, el capital o un ingreso.

DEPOSITS IN TRANSIT = DEPOSITOS EN TRANSITO:

ENG: Deposits recorded on the system by the company, but are not reflected on a bank statement.

ESP: Depósitos registrados en los libros de la empresa pero que no aparecen reflejados en el estado bancario.

DISBURSEMENT = DESEMBOLSO:

ENG: Expenditure or exit of financial resources. Payments or exits of money by cash or checks.

ESP: Pagos o salida de dinero en efectivo o con cheques

DOUBLE ENTRY = DOBLE ENTRADA:

ENG: It is the system used for keeping ACCOUNTING (recording, verifying and reporting financial information) records, where each transaction is listed twice (once for source and once for disposition of the transaction). The entries are called DEBIT and CREDIT. The creators of the doubly entry based in the underlying accounting equation: ASSETS = LIABILITIES + EQUITY.

ESP: Sistema utilizado para el registro contable de las transacciones, las cuales tienen doble entrada (una para lo que entra y la otra para lo que sale). Estas entradas se denominan **DEBITO y CREDITO**, y están basados en la Ecuación Patrimonial **ACTIVOS = PASIVO + CAPITAL o PATRIMONIO**

EXPENSES = GASTOS:

ENG: They are the Goods and services consumed by the company's operations in the process of obtaining revenue. It is the cost of generating revenues. They normally fall into different categories: cost of goods sold, selling expenses, general and administrative expenses, and variable expenses. The Capital account is decreased by these accounts.

ESP: Son los bienes y servicios que son consumidos por la empresa en el proceso que obtener ingresos. El costo de generar ingresos. Están categorizados de diferente manera: costo de mercancía vendida, gastos de ventas, gastos generales y administrativos, gastos fijos, gastos variables. Los gatos disminuyen la cuenta de Capital.

FINANCIAL STATEMENTS = ESTADOS FINANCIEROS:

ENG: They are the final product of the Accounting process providing the vision the financial position of the business has. The most common are the BALANCE SHEET, the INCOME STATEMENT and the CASH FLOW STATEMENT.

ESP: Producto final del proceso contable, son los reportes que recopilan información sobre los resultados de las operaciones económicas de la empresa, cuyo objetivo es dar una visión general de la posición financiera de la misma. Dentro de los Estado Financieros se incluyen: Balance General, Estado de Ganancias y Pérdidas y el de Flujo de Caja.

INCOME – INGRESO:

ENG: Assets received by a business in a given period of time as a result of the goods and services sold.

ESP: Renta, entrada, utilidad y beneficio que recibe un negocio en un periodo de tiempo como resultados e los bienes o servicios vendidos

LIABILITIES – PASIVOS:

ENG: The total of all debts and obligations OWED by a business or an individual. Liabilities are often divided into classes: short-term that is due to be paid in less than one year, and long-term that is due to be paid over a period of more than one year.

ESP: El total de todas las deudas y obligaciones que se deben. Se dividen el corto plazo (periodo menor o igual a un año) y largo plazo (periodo mayor de un año).

OWNER'S EQUITY OR COMPANY'S EQUITY = CAPITAL o PATRIMNONIO:

ENG: Is what the business owes the owner or owners

ESP: Es el valor de los bienes que poseen la empresa (que no debe) y los aportes que realizan los socios o el socio..

POSTING – REGISTRO:

ENG: Is the act of recording in the system the information from the transactions in the appropriate accounts.

ESP: es el proceso de registrar en el sistema, la información de las transacciones en las cuentas correspondientes.

PURCHASE = COMPRA:

ENG: To obtain goods or services in exchange for money; to procure; to buy; to acquire products or services not available within the business.

ESP: Es la adquisición de bienes y servicios necesarios para las operaciones de la empresa

PURCHASE ORDER = ORDEN DE COMPRAS:

ENG: Written authorization that the buyer sends to the seller specifying the goods that he wants to buy, at a specified price, the conditions of payment and, in some cases, the date, and the form of mailing of the merchandise. A document does not generate any accounting record, but can be prepare by QuickBooks®. For the acquisition of goods or services, once accepted by the seller becomes a legally binding purchase contract.

ESP: Autorización escrita que el comprador envía especificándole los bienes o servicios que necesita comprar, a un precio establecido y con condiciones de pago y entrega determinados. No genera un record contable, pero puede ser generado por QuickBooks®. Una vez aceptadas las condiciones por el vendedor se convierte en documento legal.

RECEIPT = RECIBO:

ENG: A document that acknowledges payment received.

ESP: Documento que comprueba un pago recibido.

REVENUE = GANANCIA:

ENG: This is what earns the company for what it does. Normally the account categories are: service or sales revenue.

ESP: Es la ganancia obtenida por la empresa por las operaciones que realiza. Incrementa el Capital

TRANSACTION = TRANSACCION:

ENG: A transaction is doing business. What the company does that involves exchange of money for it, is called also *financial transaction*.

ESP: Es el Intercambio comercial que realiza la empresa al vender sus productos o servicios, que puede medirse en dinero y que se registra en los libros de *contabilidad*.

Made in United States
Orlando, FL
04 November 2026

90206660R00087